公众演说实战攻略

主　编　袁　智
副主编　邓　媛　陈　飞　黄　成　吴　刚
王礼刚　关　莉　袁发强　冉富匀

一生必看的一本书籍！
学无止境，让优秀的你从此爱上公众演说的舞台！

HEUP 哈尔滨工程大学出版社

图书在版编目(CIP)数据

公众演说实战攻略/袁智主编. —哈尔滨：哈尔滨工程大学出版社，2017.4

ISBN 978-7-5661-1490-7

Ⅰ.公… Ⅱ.袁… Ⅲ.演讲-语言艺术 Ⅳ.H019

中国版本图书馆CIP数据核字(2017)第081650号

出版发行 哈尔滨工程大学出版社
地　　址 哈尔滨市南岗区东大直街124号
邮政编码 150001
发行电话 0451-82519328
传　　真 0451-82519699
经　　销 新华书店
印　　刷 北京市彩虹印刷有限责任公司
开　　本 880mm×1 230mm　1/32
印　　张 7.5
字　　数 173千字
版　　次 2017年4月第1版
印　　次 2017年4月第1次印刷
定　　价 58.00元

http://www.hrbeupress.com

E-mail:heupress@hrbeu.edu.cn

内容简介

《公众演说实战攻略》是一本专为优秀人士及想快速提升口才的人士量身定制的一本实用型口才书籍。此书籍由众多实战演说技巧与实际演说案例相结合而成，可以帮助任何一个人快速、轻松学会语言的表达、公众讲话、公众演说；可以帮助任何一个不太擅长公众讲话的人从此不再害怕当众讲话，并能轻松地应对每场公众发言，而且还能够帮助演说者的表达做到“言之有序，言之有据，言之有理，言之有情，言之有物”；更重要的是可以帮助任何一个想提升口才的人从此爱上公众发言的舞台，爱上公众演说，进而变成一个既能“口吐莲花，余音绕梁……”并且由此成为“翩翩风度、魅力无限……”的优秀人才。

本书分为演说心法、演说龙骨、魅力舞台、先声夺人、超凡氛围、语言魅力、妙手化招、妙手化招等八章，各章环环相扣、由浅入深地讲解；通过对每章的学习和练习，可以让您在30天内轻松学会语言的表达，掌握公众演说。

我坚信，无论您从事哪个领域的工作；无论您是领导还是员工；无论您是经理还是职员；无论您是老师还是学员……当众表达和公众演说一定是属于生活中必要的技能。如果您希望快速的提升自己的口才，学会公众表达，拥有魅力口才，这本书一定会助您一臂之力！

目 录

自序

如果你渴望快速成功！

如果你渴望聚集财富！

如果你渴望优质人脉！

如果你渴望出人头地！

如果你渴望众人尊重！

如果你渴望万众瞩目！

如果你渴望变得优秀！

我相信这一本《公众演说实战攻略》你值得拥有！

我一直坚信，如果想要改变，一定得让自己先开始改变！

我一直坚信，如果想赚到钱，一定得让自己先变得值钱！

我一直坚信，如果想要获得成功，一定得让自己先做好成功的准备！

我一直坚信，如果想要成为人才，一定得先让自己拥有优质的口才！

我一直坚信，如果想获伯乐赏识，一定得让自己先变成一匹千里良驹！

我相信这一本《公众演说实战攻略》一定能让你快速开始改变、快速变得更加值钱、快速变得更加优秀、快速变得更加成功、快速变得更受伯乐的赏识、快速成为优秀的人才。

21世纪，企业之间的竞争，归根结底都是人才与人才之间的竞争；人才与人才之间的竞争，其实就是人与人之间所拥有的能力竞争！

生活中，我们不断地学习、不断地进步、不断的深造、不断地充实自己；不仅仅只是为了开阔自己的见识和打开自己思维；更多的是希望通过学习、进步、深造、尽可能让自己变成一匹千里名驹、成为一名优秀的人才，同时让自己变得更加的值钱、让自己拥有更多立足于社会的砝码、让自己拥有更多适应社会发展的能力；即使有那么一天，瞬间变成了一个身无分文的穷光蛋，但是就凭借自身拥有的值钱才干，依旧可以再东山再起。所以我一直认同这样一种观念："在竞争激烈的 21 世纪里，与其想让自己变得有钱，不如先让自己变得值钱！"

台湾名师林伟贤先生曾说过这样一段话"你可以打劫我此生所有的财富，但你永远无法打劫我身上拥有的演说能力，即使我身无分文，我依旧可以东山再起，就凭借我自身的演说能力，我依旧可以快速挣回我曾经拥有的一切。"这样的一段话足以看出，林伟贤老师拥有多么厚重的底气、拥有多么深厚的功力、拥有多么强大的自信；他是如此的坚信自身的值钱比自身的有钱更加的重要。

台湾作家龙应台在她的小说《亲爱的安德烈》中提到了："孩子，我要求你用功读书，不是因为我要你跟别人比成绩；而是因为，我希望你将来会拥有选择的权利，选择有意义、有时间的工作，而不是被迫谋生……"龙应台的一席话不外乎也告诉了我们所有人，读书、学习不仅仅是为了能找一份工作，而是为了能让自己变得强大、变得优秀、变得值钱、变得有价值之后便可拥有自主选择的主动权。

在如今现实的生活中，我们有多少人都做着自己不喜欢的工作、做着不是自己本专业的工作、做着自己并不开心的工作、做着自己并不满意的工作、做着看不到希望的工作……而且很多人都还在一直抱怨“我为什么没有选择工作的主动权”、“我为什么不能像那些富人一样可以实现金钱自由”、“我为什么不能从事自己喜欢的工作”、“我为什么不能选择自由的上下班时间”……很多人在抱怨的时候，其实已经暴露出自己的一种无奈、暴露出自己对生活与工作主动选择权的丧失、暴露出自己在现实面前不得不“委曲求全”的实事……

我一直认为现实工作中所呈现的无奈、主动选择权的丧失，这些其实都是可以逆转的。“每个人都可以拥有掌握自己命运和拥有选择自己命运的权利，自己可以选择自己喜欢的工作、选择自己向往的生活，这一切其实都是可以改变的；但改变的前提是，自己应该拥有改变的资本和选择的砝码。”在如今这样竞争激烈、人才济济、供大于求的时代里，如若想获得从量变到质变，想获得选择的主动权、想获得成功……那么是否应该先将自己打造成为一匹千里良驹、成为一个优秀的人才、成为一个值钱的人？如果能让自己成为一匹千里良驹、成为优秀的人才、成为一个值钱的人之后，我相信主动选择权的获得、成功的获得、机会的获得、命运的改变相对就容易多了。

生活中我们如何才能让自己变成千里良驹、变成优秀的人才、变得更加的具有价值，让自己快速的发光发亮，让自己快速的获得青睐和成功呢？方法其实很简单：

第一，研究优秀人士成功的方法和经验并效仿学习或借鉴；

第二，顺应时代发展的需求步伐不断学习进步。

通过我在社会中十几年的历练、打拼和接触各行各业的优秀人士之后发现，现实社会中但凡有所成就、有所建树，拥有主动选择权、能够实现时间自由、金钱自由的优秀成功人士，他们身上都拥有一个共同的特质，拥有一种特殊的能力——“演说能力”。他们正是因为拥有了这样一项特殊的能力，便可以随意走上厅堂面对万千听众侃侃而谈、口若悬河、娓娓道来，进而加速赢得了领导、同事、客户的认可和赞赏，这也正好加速了他们成功的速度；他们身上的这种特质和能力正好印证了中国的一句古话：**“人才不一定拥有演说口才，但拥有演说口才一定属于人才。”**

2006年，我毕业于西南大学文学院汉语言文学专业，毕业之后曾留于西南大学内任职做高校辅导员、团委书记、办公室主任等职务；于2009年毅然辞掉高校工作南下广东，开始在广东凤铝铝业有限公司从事铝合金销售的工作；2010年回到重庆继续从事铝合金销售，同时也开始从事塑钢门窗的CAD设计及一线工人工作；而后北上北京参加电影《大闹天宫》的拍摄；而后做过《蓝色宫殿》西餐厅的服务员、领班、大堂经理；再然后回到重庆干起模特、婚庆主持人；相继从事了文化传播公司的策划；明星演艺保镖；柬埔寨与中国的国际贸易；企业培训；出国游学项目咨询师；素质户外拓展训练的教练；而后又进入柬埔寨驻重庆总领事馆任职秘书；至今开设了属于自己的文化传播公司。

从学校刚毕业的时候我曾认为自己是块黄金，所以总想四处试试运气、天南海北的闯闯，原本以为会顺风顺水、飞黄腾达，结果一路走来跌跌撞撞、道路崎岖不平、撞得遍体鳞伤；如今回首过去，虽然自己曾经从事的工作和涉及的行业都比较杂乱、广泛，也经历了很多、见到了很多，但最终结果并没有按照自己预期如愿，归结原因才发现“社会的分工其实非常细致，需要的都是专业人才和业内人士”；对于外行而言，那只能是“外行看热闹，内行看门道；成功一定属于专业，钱一定是属于内行”。所以从2011年开始，我便开始关注社会中的各个行业，研究什么行业最热门；什么行业最赚钱；研究行业与行业之间是否有什么共通点。最终我发现社会中其实各行各业都属于比较热门的行业，而且都是可以赚到钱的行业。在这些热门和可以赚到钱的行业中，我还发现了一个铁的规律，那就是“七十二行、行行需要公众演说”，无论是教育行业、医疗行业、建筑行业、贸易行业、服务行业、加工行业……所有的行业都需要进行“企业产品发布、企业产品销售、企业客户谈判、企业资金融资、企业信息有效传递、企业团队士气的打造……”这一系列都离不开公众演说，而且企业一切任务的安排、执行、完成、产品的销售、客户的成交、客户的维护等等都是和公众演说密切相关的。于是乎，我从2012年开始重新规划职业方向和开始重新定位、开始不断地向成功的人学习、不断地研究行业的发展，最终认定了从事“公众演说及口才训练”的发展方向，因为各行各业的成功人士都拥有超凡的公众演说口才、也需要卓越的演说口才，同时这也是能让自身变得更加优秀、变得更加卓越、变得更受领导、客户、同事认可的一条快速途径；另外如今各行各业的企业都需要拥有公众演说口才的人才；演说口才将会适用于社会发展中的任何一个行业，只要有企业的存在就离不开公众演说。于是从那一刻开始，我开始陆续考取了国家人力资源和社会保障部颁发的SYB创业培训讲师证书和很多相应的培训师证书，正式开始登上培训的舞台，专业从事培训与公众演说口才培训方面的工作。随着时间推移，逐渐地开始在川渝两地不同的地方给众多的企业家做培训和给企业的员工做培训，而后于2013年年底正式成立了属于自己的文化传播培训公司，专业从事公众演说口才的培训。公司成立至今已经培训和接触过很多的优秀企业家，他们也都非常认同和肯定我的培训内容和培训方式；同时也一直认同**“企业需要人才，更需要有具备公众演说口才的人才”**的这一说法。

现如今社会，很多人因缺乏当众演说的能力而丧失了很多的机会;同时企业因欠缺拥有公众演说能力的人才而四处求才若渴。鉴于对优秀人才的打造和企业求才若渴的需求不断增加,所以我也更加的坚定要编著出这样的一本书籍,把这些年做培训的感悟和演说技巧进行整理出版,希望能够让更多的人能够拥有卓越的公众演说能力、能让更多的人能变得更加的优秀、从而能帮助更多人能更好融入社会、融入各个行业。

本书的编写主要分为八章,都是实战和理论相结合,融入了众多的实战公众演说技巧于书中,我相信这本《公众演说实战攻略》可以让你轻松变得更加的优秀、变得更加值钱、成为一匹千里良驹、成为企业需要的人才、成为社会发展的栋梁……我也相信,此本《公众演说实战攻略》一定可以让你拥有卓越的公众演说口才、能帮你早日获得成功。

第一章

演说就是一把金钥匙

第一节 演说在人生中到底能有多重要

公众演说亦称公众讲演或公众演讲，是指演说者面对三个或三个以上的人群在私密或公众场所以有声语言为主要表达方式，以无声肢体动作为辅助表达方式，针对某一具体问题、事项发表独自的见解、主张、阐明事理或抒发情感的一项语言交际活动。此项语言交际活动涉及至生活与工作中非常广泛的领域；比如求职面试需要演说、竞聘岗位需要演说、推销产品需要演说、产品发布需要演说、获奖发言需要演说、人际沟通需要演说等等。

21 世纪是一个竞争激烈的时代，是一个人才与人才竞争的时代，在这样一个竞争炽热化的时代下，市场早已抛出了“优胜劣汰、适者生存”的竞争法则。如何才能让自己在众多竞争对手中脱颖而出、让自己才华得以展现、成为单位领导、同事、众人眼中闪亮的佼佼者、精干者……这不仅需要修炼自身过硬的专业技术、技能，还需要掌握 21 世纪所应具备的一项特殊技能——公众演说。

俗话说“辛辛苦苦干三年、不如上台发阵言”，在生活与工作中，众多拥有专业知识、技能的优秀人才，就因缺失公众演说的表达能力，而迟迟不能被领导和同事所发现与认可，更不能被及时提拔、最终导致与机会擦肩而过；众多求职面试的优秀人才，就因面试时公众演说的表达不尽人意，直接导致被面试官所淘汰……假设满腹经纶的优秀人才就因“茶壶里下饺子，有口倒不出”而错失大好机遇，那将是多么的悲哀。

实践证明，人才不一定会拥有演说口才，但拥有演说口才那一定是个人才。

在历史的长河中，但凡优秀的成功者、佼佼者都具备了相应的公众演说能力。中国国父孙中山先生通过公众演说影响了千万中国同胞掀起了一场轰轰烈烈的辛亥革命；新中国首任元首毛泽东通过公众演说成功领导并影响亿万中国人，成为了新中国的缔造者；美国总统奥巴马通过公众演说成功竞选成为了美国历史上第一个黑人总统；中国创业教父马云通过公众演说赢得了阿里巴巴“十八罗汉”的支持，也获得了日本首富孙正义的风险投资……

美国著名人际关系学大师卡耐基曾说过：“一个人的成功，85%是靠他的人际沟通和演说能力，只有15%跟他的专业技能相关。”

美国电报电话公司ATT和斯坦福大学合作研究显示：“是否擅长公众演说乃是事业成败最最重要的关键！”

中国古代曾记载：“一言之辩，重于九鼎之宝；三寸之舌，强于百万之师”。

这一系列都在证明，公众演说对于处身于社会中的人们，如果想要在事业上、生活上、工作上、人际关系上有所发展、有所突破、有所建树是多么的重要。古往今来能具备公众演说表达的人，相对而言都是容易得到领导的青睐，更多的机会，更容易得到他人的肯定与认可；无论在事业上、工作上、生活上、人际交往上都能得到一定的成功与圆满，这也正好印证了中国一句顺口溜“做得好不如说的好；做得好、说得好，那便是好上加好。”

一、公众演说可以加速命运的改变

任何一个人都非常的期待改善自己的命运，改善和提升自己现有的生活状况，希望能通过自己的努力让父母能早点过上衣食无忧的生活，希望能让自己的爱人过上富足而幸福的生活，希望能让自己的孩子读上品质优良的学校，希望自己事业能顺风顺水、风风火火，还希望能带上自己的父母、妻儿游遍祖国的大好山河，走遍世界的名山大川，希望能坐上私人飞机翱翔于天空之上，乘坐私人潜艇嘻嘻于大海之中……每一个人或多或少都会有类似的想法，可是如何才能快速地实现自己的期望与梦想，如何才能让自己快速地聚集资金，如何才能赚到人生的第一桶金，如何才能快速改变自己的命运？公众演说可以加速实现自己梦想的速度。

生活中越是成功的人、越是上进的人、越是优秀的人，他们都在不断重复地做着两件事情。第一件事情：不停的学习、不停地给大脑充电；因为他们知道但凡想要赚到钱，一定是靠脖子以上的部位去赚钱。第二件事情：不停地去结交比自己成功和优秀的人脉；因为他们知道人是属于环境当中的产物，与成功、优秀的人士为伍，自己也将会变得更加地成功与优秀。在这样的思想驱使之下，这一帮成功、优秀的人士总是穿梭在各大高校、各大商学院的总裁班、EMBA 班、MBA 班之中。

如果自己能够拥有公众演说的技能且熟练的运用自如，那自己便可以一名讲师的身份出现在任何一个课堂的讲台上，更可顺理成章、轻松自如的接触到生活中众多的成功企业家、老板及社会各界高端人脉。俗话说："近朱者赤、近墨者黑。"如果自己能经常活跃在成功与优秀人士身旁，那么自己也将会在变得优秀的同时，也能让自己的命运发生改变，因为在富人、成功的人身边，如果需要融资、销售产品、成交买卖……这也将是非常容易的一件事情，所以如果自身能拥有超凡的公众演说能力，自身的命运也将会开始发生加速度般的改变。

二、公众演说可加速领导认可与同事尊敬

在生活中，我们经常能听到有这样的话语："能说能写，那是全才；能说不能写，那是将才；不能说能写，那是文才；不能说且不能写，应该是无用之才。"我们还能听到："干得好不如写得好，写得好不如说得好；辛辛苦苦干一年，不如大会发个言。"

对于一个刚进入单位的新人来说，在较短的时间里一般很难让单位里的每个人认识和了解自己，也很难让领导发现和快速的重视自己，在这样的情况下，如果能拥有并运用公共演说的能力，那定将会在单位里举办的演说比赛、竞聘演说、大会发言等机会中崭露头角，自身的才华也将得以展现。如果在任何的公众发言场合中都能做到言之有序、言之有据、言之有理、言之有情、言之有速，想必这样的表现不仅能给领导、同事留下良好、深刻的印象，同时还能让单位里的领导、同事快速认识、了解自己，让他们感受到你将可以为单位带来新希望、新的活力、注入新的血液，最重要的是还可以让自己快速地打开新的工作局面。

事实证明，说得好比写得好更容易凸显自己，更容易展显自己的才能。

三、公众演说可加速财富的获取

生活中的产品推销大多为一对一的面对面销售，按照常规以 2 小时拜访 10 个客户计算，10 个客户都将作为可能成交的潜在客户进行面对面推销，按市场成交率的"二八定律"核算，面对面推销的 10 位客户中将只有约 20% 客户会成交，也就是说花费了 2 小时的面对面推销，最终成交的客户只有 2 个人，如此推断面对面推销的

成交率其实并不算太高。假设透过 2 小时的公众演说面对 100 人以上的潜在客户进行推销，按照成交的“二八定律”计算，100 位客户中将约有 20% 的客户会被成交，也就是会产生 20 个准客户，按照这样的成交率计算，显然透过公众演说推销产品比一对一面对面推销的效率更高。假设成功推销一件商品可以得到的佣金是 1000 元，那么采用一对一面对面的方式推销产品，2 个小时最终可以获得的佣金只有 2000 元；假设透过公众演说推销的方式进行批发式的推销产品，那么同样在 2 小时内可以获得的佣金将达到 2 万元。由此可以得出，虽然花费同样的时间，但是采取不同的推销方式，最终获得的财富是截然不同，这就是公众演说可以加速获取财富的魅力。

公众演说与财富获取对照表

	财富/天	财富/周	财富/月	财富/年
不会演说	2 千元/天	1 万元/周	4 万元/月	48 万元/年
拥有演说	2 万元/天	10 万元/周	40 万元/月	480 万元/年
收入差异	1.8 万元/天	9 万元/周	36 万元/月	432 万元/年

四、公众演说可助融资一臂之力

“大众创业、万众创新”的时代已经来临，创业不仅需要拥有良好项目，还需要充足的资金作为强大的后续支持。每一个创业者都希望自己在创业初期或创业瓶颈期得到天使、风险等投资者的青睐从而获得丰厚的资金支持。对于创业者而言如何才能在创业初期、发展期、壮大的过程中快速的获得投资者的投资，那么参加市场上早已开始盛行的创业沙龙、项目路演……这已经是一条可以解决资金问题的一条通路，如何才能快速得到投资者的青睐，想必公众演说能助企业一臂之力。

2014 年荣登中国富豪榜第一位的马云，他就一个较为典型的案例。马云在企业发展、壮大时期，遇到了资金困难的难题，不过他运用娴熟的公众演说、在短短的六分钟把项目的优势、劣势、机遇、发展、盈利、团队等等关键要素逐一阐述清楚，是他运用了公众演说说服、说动现场的投资人，是他运用了公众演说征服了日本首富孙正义，从而获得千万美元的风险投资。

假设“项目路演”投资会上，现场落座 100 个天使投资人或风险投资人时，演说者如果能透过公众演说的魅力，在短暂的几分钟之内能打动现场部分投资人，按照成交“二八定律”原则计算，100 个投资人中将会有 20% 的投资人，也就是将会有 20 个人将会成为企业的投资商。假设一个投资商投资 10 万元，那么在几分钟的时间之内就将获得 200 万元的投资款，这便是公众演说发挥的魅力。

五、公众演说可增加竞选支持率

美国历史上第一任黑人总统贝拉克·侯赛因·奥巴马，在参加竞选美国总统时，曾面对了众多实力强大的竞争对手，如果他并不具备非常优秀的表达技巧、不具备非常精湛的公众演说能力，也许美国民众应该不会支持这样的一个黑人，也许全世界也不会关注这样一个黑人，也许他也成不了美国历史上第一任黑人总统。

理念的传递、思想的碰撞、趣事的分享……是否能与听众一起产生共鸣，得到认可，得到支持、公众演说一定能帮你起到事半功倍的效果。

假设举办一场拥有 500 人的演说会，通过这场演说会，将会有

500 个人认识自己和听到自己的理念和观点，按照演说会听众接受理念的“三三原则”计算，500 人中将会有约 70% 的人认同自己的观点而支持自己或直接能成为自己的朋友，也就是将会有约 350 人会认同和接受自己的理念，与之达成共鸣共识。假设，每一天在一所学校或单位举办一场 500 人的“环保演说会”，30 天将举办 30 场，一个月下来就将会有 1.5 万人认识自己，在这 1.5 万人当中，自己将拥有约 1.05 万个志同道合的支持者；一年将有 18 万人认识自己，能结交 12.6 万个志同道合的支持者；十年就会有至少 180 万人认识自己，至少拥有 126 万人追随自己；等到那个时候自己已经拥有了很大一部分支持者，理念的认同者，不管自己想做什么，成功对自己而言都将是非常容易的了。

六、公众演说可加速建立自信、塑造形体、展现魅力

您是否曾有过这样的经历？

公关场合：讲话结巴、语无伦次、自信心不足？

开会讲话：缺乏语言的感染力、中心意思含糊不清？

员工大会：讲话条理不清、思维混乱而顿失威严？

主持节目：内心紧张、脑海空白、手足无措？

产品推荐：主次不清，最终错失订单？

领导视察：语言表达差强人意而让自己黯然失色？

如果遇到了以上类似的情况，公众演说可以让您逐渐克服内心的恐惧，打开公众演说的障碍，突破语言表达的难关，最终可以让自己轻松站上舞台，自然面对大众，侃侃而谈、有条不紊、挥洒自如、魅力无限、自信满满的公众发言，最终把自己打造成一个信心十足、体态优雅、万众瞩目的优秀人士。

第二节　演说前应该做好哪些准备

俗话说:“凡事预则立,不预则废”。

打造任何一场语惊四座、余音绕梁、震撼视听的演说,对于登台的演说者而言,都是需要经过精心筹划、认真准备、有效的实施而打造出来的。

美国著名心理学家和人际关系学家戴尔·卡耐基曾在他的自传中写道:“不论是大、是小的演说,我都会做精心的、长时间的准备,以确保演说的成功。”

很多被大众公认演说口才极好的人,他们无论何时何地说起话来都能娓娓道来,头头是道……大众都以为是他的应变能力与临场发挥特别出色,其实很可能早已在台下已经打过腹稿准备过无数次了,也可能在生活中早就收集过类似的资料,如果没有做到良好的前期准备,较好的现场发挥也将会是有一定难度的。所以如果想在演说时表现得更加的轻松、自信、信手拈来……那么演说前的准备将是一道必不可少的程序。

任何一场公众演说,演说者登台前都需要做到以下六大方面的准备。

一、演说内容材料的准备

1. 演说目的确定

任何一场演说都带有特定的初衷,也就是演说希望最终达到什么样的目的。常见演说的目的大致可分为说服成交型演说、告知宣传型演说、指导宣讲型演说、娱乐分享型演说、激励励志型演说等。演说者希望在演说中传达什么样信息，达到什么样的目的，这都需要前期进行确定。

2. 演说效果设计

演说中听众的反应可以是掌声此起彼伏、尖叫声不断、欢呼声震耳欲聋，也可以是让听众开怀大笑、放声哭泣、沉默不语……这一系列听众随之而来的反应，都是演说效果所产生的一切反馈，这一切的反馈都将是由演说者前期根据自己演说的需求精心设计而成的，所以演说效果的呈现也是需要前期进行设计准备的。

3. 演说布局安排

任何一场演说大致可分为三个部分。第一部分为开场：要求做到新颖、具有吸引力；第二部分为内容：要求做到丰富、内涵、有深度；第三部分为结尾：要求做到意味深长、铿锵有力。（详见第二章）

4. 演说素材收集

一场生动、活跃能吸引听众注意力且还可以传达一定教育意义、哲理意义的演说，需要在前期准备相对较多的演说素材，素材充分的准备可以让演说更加的充实、具有内涵、具有深度。演说中素材采用相对较多的是故事，故事的运用有利于增强演说的说服力、能很好抓住听众的注意力、能够让听众与之产生共鸣。故事的收集可以是名人的故事、成功人士的故事、身边人的故事、也可以是自己的故事等。

5. 演说稿撰写

美国幽默大师、小说家、作家马克·吐温曾说过："笔写的东西不是为演说而作的。因为它的形式是文学的，生硬而没有灵活性，无法再通过嘴愉悦而有效地传达。如果演说的目的是让听众感到快乐,不是说教,你就需要把它们变得温和、简洁,尽量使其口语化,使用平常一样不需要经过认真考虑就说话的方式;如果你不是如此,就会烦死一屋子的人,而不能让他们感到高兴。”所以演说稿的撰写并不是为了让演说者在登台的时候照本宣科,而是让演说者梳理出对整个演说的内容有一个大致的纲要,能让演说者清晰、直观地了解自己将要讲的内容,做到心中有数,演说不慌。

二、听众分析的准备

古人云:“知己知彼,百战不殆”。

美国历史上第十六届总统“亚伯拉罕·林肯”曾这样说过:“做一场一小时的演说,我会花三分之二的时间去了解听众的需求,花三分之一的时间去思考我应该说的内容。”

演说者在做任何一场演说之前,不仅需要认真准备演说的内容,更应该花一些时间去了解听众们的需求,这样做一些针对性的准备不仅可以更好的拉近与听众间的距离,还可以快速产生与听众间的共鸣。演说者对听众的分析准备大致包含以下几个方面。

1. 职业类别

每一场演说都可能会面对不同职业的听众,如果采用一成不变的演说风格,也许并不能做到“一招鲜、吃遍天”的效果,所以演说者要尽量了解听众的职业类别,并针对性地选择比较适合的演说表达方式。比如对于销售人员就要使用激情、充满能量的演说方式;对于技术人员就需要使用比较严谨、细致的演说方式等。

2. 年龄大小

听众年龄大小的分布与演说者演说的语速快慢有一定关系,

需要演说者前期进行一定的摸底并根据听众年龄做出一定的调整。

3. 学历层次

听众学历层次的高低对于演说者表达的术语有所制约，演说者应根据听众的文化接受程度调整术语的表达，做到既有深度也能浅显易懂，做到根据听众制定不同的表达方式和语言。

4. 需求分析

每一场演说都有一定的目的性，为了引起与听众间的共鸣，演说者需要提前了解他们的需求，了解听众们希望通过此次演说从中学到什么。

三、演说工具的准备

一场轰动、震撼、精彩的演说不单单只是演说者在台上激情的演说就可以促成的，演说者还需要借助一定的道具或工具，这样可以让一场演说拥有锦上添花的效果。演说中比较常见的辅助工具有幻灯片、电子教鞭、VCD 视频、事物图片或物品、卡片、白板、白板笔等，这些辅助工具的选用可以根据演说者自身演说的需求做一定的挑选。

四、心理情绪准备

心理情绪的准备对于演说者而言也是尤为重要的一环。演说者如果对演说早已做足了准备，拥有十足的信心，胸有成竹的心态，则会在舞台上全力以赴、激情四射、游刃有余的发挥；如果演说者并没有做足良好的心理准备，没有十足的信心，则会心生胆怯、士气消沉、情绪低落。正常情况下演说者在上台之前难免都会有些紧张，此时演说者应该要做好的就是良好心理准备，做好一定的心理暗示，让自己变成一个拥有自信、乐观、积极心态的人。

五、场地熟知准备

凡事讲究天时、地利、人和，三者合一凡事都能产生较好的效果。演说者如想做到对整场演说效果的把控，除了以上几方面的准备之外，还需要做到对演说场地地理因素的熟知准备。例如场地是属于剧院、教室、露天、会议室还是食堂；场地中是否具有音响设备、话筒、投影仪、电脑等；这些设备是否正常可用；是否具有演说中所需的白板、白板笔、大白纸、磁铁等；尽量做到多沟通、多询问、确保准备充分。

六、其他准备

1. 仪表着装

准备一套稳重、大方、符合演说风格的服装。

发型、配饰、化妆应于演说风格相符。

2. 模拟练习

正式演说之前可以对着镜子从头至尾演练一次或使用 DV 记录下自己演练过程，在演练的过程中严格按照演说时间、方式进行模拟训练，及时发现自己存在的问题，并做到纠正。

第三节　演说者的紧张情绪如何克服

美国曾有心理学家对 3000 人做过一项心理测验：“你最担心

的是什么?”。给出可供选择的答案比较多:“死亡、失明、行走夜路、疾病、遇到猛兽、公众演说等”;最终统计出的结果令人吃惊,被测试的人群中有40%的人认为,最令人担心、最令人紧张、最令人痛苦的……是站在公众面前进行“公众演说”。

公众演说对于大多数人来讲都是件令人紧张且又恐惧的事情,多数人在台下可以做到侃侃而谈、镇定自若、信心十足,可只要登上舞台就开始心生恐惧、身心都开始紧张、双脚双手开始发抖、舌头开始打结、嘴巴开始扭曲、身体开始变形、肌肉开始抽搐,原本一场值得期待的演说就因为演说者的恐惧、紧张而让演说变成了千疮百孔、七零八落、断断续续、不知所云的无厘头分享会;更有甚者因紧张过度便直接在舞台上晕倒过去……这些都是因为演说者心理素质不过硬,紧张过度而产生的一系列反应。

一个优秀的演说者如何才能做到在舞台上挥洒自如、游刃有余、信心满满,轻易克服和避免如此紧张的情绪,那就需要借助一定的方法进行训练。

一、心理暗示

心理暗示是指人对个体发出信息,个体无意中接受这种信息,而做出相应反应的一种心理现象。

俄罗斯的生理学家、心理学家、医师巴甫洛夫·伊凡·彼德罗维奇曾认为:“暗示是人类最简单、最典型的条件反射,从心理机制上讲,它是一种被主观意愿肯定的假设,不一定有根据,但由于主观上已肯定了它的存在,心理上便竭力趋向于这项内容。”演说者一旦心理出现紧张、恐惧时,可以使用相应的语言对自己进行暗示,这是一种比较有效的方法。例如福建地区曾有这样的一种习俗,大部分人出门办事之前，都会进入到自己宗族祠堂进行祷告，其祷告的内容大致都是“今天要出门办什么事情，请祖宗保佑”；这样的祷告可以在他们的心理上产生一种精神寄托且一直坚信祖宗会有所保佑，所以不管遇到什么问题，他们都会绞尽脑汁找到很多种方法去解决，最终事情也容易成功，当事情办理成功之后，他们一定会把大部分功劳归结为祖宗的保佑，这就是典型的心理暗示。常用的心理暗示语：任何一个人都会紧张，所以我紧张也属于正常现象；我是最受大家欢迎的演说者，我相信大家一定会喜欢我，而且我一定会给大家带去更多的欢乐与知识；这是多么美好的一天，我今天又将开始更多正能量的分享，我相信今天一定会比昨天表现得更棒，我一定可以赢得大家最热烈的掌声；我是最棒的，我是最优秀的，我今天的演说一定可以让全场尖叫和欢呼的……

二、肢体调节

人在紧张的时候身体难免都会出现一些微妙的变化。比如手脚发抖、额头冒汗、喘气急促、心跳加快、尿急、身体僵硬等等。在出现这种情况的时候，可以使用身体运动的方式来缓解心理和身体上的紧张。比如①双手握拳攥紧，并手臂同时使劲，甚至可以使用身体全部的力量，当力量快要用光感到疲惫的时候，轻轻松开双拳，舒展四肢，停留几分钟之后继续重复这样的过程；②使用呼吸缓解，深深的吸气慢慢的呼气，同时心中默默地念着“放松”；③颈部适当后仰缓解颈部紧张，后仰可以拉开自己的声道，同时也可以让脖子不僵硬，所以上场前脖子可以左右摇晃几次；④上场前可以适当跳跃让其活动到身上的肌肉与大关节，这样可以让自己全身肌肉得到一定放松缓解紧张。

三、时间调节

时间调节是指我们把一场演说分割成为很多个小版块，也就是化整为零的用法，这样做的好处是让演说者从心理上得到放松从而缓解紧张情绪。例如：

一场2个小时的演说，第一个部分需要做的便是一个非常漂亮的开场，时间为十分钟；接下来就是给听众们分享3~6个比较动听、具有寓意的小故事，时间是100分钟；再接下来就是把今天演说的内容进行总结与收尾，时间为10分钟。通过时间调节可以减轻演说者心理的压力，让演说者明白：这样的一场演说，其实没有那么复杂与可怕，只需要一步一步地去完成每一个环节的内容就可以轻松搞定。这也是心理学上曾提过的，越把时间细化，越能够说服自己打起信心。（参考第二章）

四、幽默喜剧

幽默喜剧是指演说者在紧张的时候可以观看一些有趣、可笑的幽默视频、聆听搞笑的段子、笑话，从而缓解或消除紧张。研究发现，处于紧张状态下的人往往更容易发笑，所以当紧张的时候可以观看和聆听一些可以让自己发笑的视频与相声CD。

五、充分准备

充分准备是指演说者在演说之前做好十足讲稿、内容、布局、设计、形体的准备，能尽量做到万事俱备只欠东风的程度。这样的好处是让演说者可以心种有底、胸有成竹，可以适当缓解心里紧张情绪，可以减少临阵心慌的一种方法。（详见第一章第二节）

六、节奏调节

节奏调节是指演说者对演说话语的语速进行有意识的控制。演说者心理出现紧张的时候语速会在无意识中变得稍微过快，容易出现结巴、吐字不清、声音颤抖，同时还可能会出现手足无措、随意晃动且比较夸张的情况。在出现这种类似情况的时候，演说者可以适当的放慢整个说话与行走的节奏让自己放慢速度冷静下来。常理之中，演说者从登台起的三至五分钟时间内是内心相对最为紧张的时刻，如果能很好地度过或缓解这一段时刻的紧张情绪，那么演说者的情绪基本上也就能够相对平缓下来，后面的演说就会比较顺利。比如当演说者上场情绪出现了稍微的紧张时，行走的步伐可以稍微慢一点、脚踩地的力量可以稍重一点；当站定舞台之后，面带笑容、环视四周、双手合十、身体缓慢下弯呈 75°鞠躬状（同时心中默念“我的演说马上就要开始了，我会让你们快乐的、我不会让你们失望的”），身体下弯三至五秒之后慢慢起身，起身平视观众便可以开口问候，问候时的语速可以稍慢，等到心情相对平静、适应舞台之后再适当加快语速、开始演说。

七、破冰调节

破冰调节是指演说者在开场前运用一系列的游戏、互动等方式，打破演说前那种比较凝重的一种氛围（就像打破严冬厚厚的冰层，让其慢慢开始融化），让听众与自己进行有效互动，不仅可以让听众变得比较放松、愉悦，而且还可以缓解演说者心理紧张的情绪。比如很多大型的商业演说中，演说开始之前整个会场都会放着比较动感的音乐，主持人、助讲团会在台上领舞，让全场所有的听众与之一起随着音乐扭动身体；有时候主讲讲师也会登台带领听众一起舞动，这样做的目的也是为了活跃现场的氛围，拉近与现场听众间的距离，更重要的是可以很好的缓解台上演说者紧张的情绪。（详见第五章）

情景练习

参与人数：两人为一个小组；

练习场地：一块空旷的草地，两者分别站在草地的两端；

练习内容：一人聆听、一人演说，演说者需要大声演说且保证对方可以清晰听到。

第四节 演说者的自信心如何修炼

你在平常的生活中、工作中是否有过这样的经历：工作中不太愿意主动上台发言、不太愿意主动与人分享自己的见解、不太愿意主动与陌生人沟通交流；生活中不太愿意主动在公众面前推销自己、展示自己、表现自己。当登台发言的时候心理总会出现负面的情绪，总会担心自己不够优秀、不够大方，表现不会被大家赞赏和认可，总担心会把事情搞砸、总是担心会以此出丑，以至于在登台发言时出现紧张、思路不清、语无伦次、条理不清、断断续续、话语苍白，讲话的时候眼睛不敢直视听众，不敢与听众进行有效的眼神交流……这些症状的表现大致可以归结为自信的缺失。

自信是个体对自身力量充分估价的一种内心体验，是个体对自身是否有能力成功地完成某项活动的信任程度所体现出的一种心理特性。它是自我意识的重要成分，是成长和成才的重要品质、是人们的主观意识、一种积极的感受、一种积极的心态。过度的积极、自我肯定就会变成自负，即过高地估计自己的力量或过于低估他人的力量及其他外部的不利因素，表现为只看到自己好的、优胜的方面，看不到自己的不足或者过于夸大自己的优点，从而导致目空一切。过度的消极、贬低、否定自己就会变成自卑，即表现为在认知上不欣赏自己，看不到自己的优点，不相信自己的能力，甚至贬低自己，以至于面对别人的肯定和赞扬时也可能不知所措，不能坦然接受。

作为演说者如何才能做到自信而不自负，自信而不自卑，那就需要做到以下几个方面的修炼与认知。

一、自我认知、分析优势与不足

俗话说："尺有所短，寸有所长"。每个人都有自己的长处与短处，既比上，又比下；既比优点，也比缺点。跟下比，看到自身的价值，可以培养自己的自信心；跟上比，可以看到自己身上存在的短处，鞭策自己不断进步，督促自己不断学习。这样的比较便会得出比上不足，比下有余的结论。此种比较方式不仅可以让自己清晰的认知到自身的优势与不足，还可以让自己在心理上找到一定的平衡。具体操作可以在纸上面写出至少十项自己身上所拥有的优点，比如自身健康状况、专业特长、知识底蕴、智力情况、口齿表达、嗓音音质等，当发现自己身上拥有如此多的优点之后，内心也会较为相信自己是个较为优秀的人才。演说者无论是在演说练习的时候、正式演说的时候还是做任何事情的时候都可以想象一下自己所拥有的优势长处，这样可以帮助自身提高做成事情的自信心，这种效应被称为自信的蔓延效应。

二、自我暗示、打造积极心态

自我暗示也可以理解为自我催眠。前苏联的心理学家普拉顿诺夫认为:“自我暗示不是来自外界,而是来自肌体内部的皮层过程对自己的心理施加影响的现象。”比如清晨对着镜子梳妆打扮时,见到镜子中的自己然后大声地告诉自己:“这小伙子真精神、你是最优秀的、你是最棒的。”这样的语言暗示往往会让自己心情舒畅、信心倍增,这便属于一种积极性的自我暗示,积极的自我暗示有助于个人自信心的增强。自我暗示可以通过语言、表情、信念对自己进行一种自我的肯定,促使达成一种积极的心态。比如可以使用一些正面积极的话语:“我是最棒的、我是最优秀的、我一定可以获得更加热烈的掌声和大家的支持、我一定行”等等。演说者学会正确运用积极暗示可助于增强自信心,保持平静的心态,且有利于提高办事质量与效率。

三、练就迷人微笑

微笑一直都是一种无声的语言,它能传递无限的信息与能量,它不仅可以让自己看上去更加的阳光、更加的具有魅力,还能传递出一种亲切、友善的磁场,能够给别人传递出一种自信、阳光的感觉。美国一个名叫罗恩·古特曼的演讲者在 TED(美国一家专业打造公众演说平台、传递正能量的非盈利型机构)的演讲中讲到:“微笑背后其实隐藏着强大的力量”。在罗恩·古特曼的演讲中提到了两项实验,两项实验的结论共同印证了“微笑不仅仅只是心情愉悦的产物;当一个人心情比较沉闷、不开心的时候可以用微笑唤起内心的另一种心情,从而让自己的情绪得到改善,也就是微笑可以让自己的心情由差变好；同时微笑还可以让人看上去更加的美丽、更加的富有自信”。这一实验的结果正好与英国的生物学家查尔斯·罗伯特·达尔文提出来的“面部反馈理论”十分吻合。所以练就迷人的微笑同样可以让自己信心倍增。

四、充分的准备

中国古语曾说：“谋事在人，成事在天”；西方人曾说：“上帝的归上帝，凯撒的归凯撒”；大致意思都指向于“表示做好一切准备，该到来的一定会到来”。中国还有另外一句古语“万事俱备只欠东风”，当一切都做好了准备，做到了胸有成竹、心中有数，自信心也就自然而然的来了。演说前只要做好了充分的准备，真正走上舞台时自然可以做到心中有数、自信满满，而且有利于顺利完成演说活动。（详见第一章第二节）

五、不极端追求完美

古语曾说：“金无足赤，人无完人”。世界上很多人做事情的时候总希望做到最好、做到最完美；这样的想法是好的，可事情往往是事与愿违，因为现实生活中并没有所谓的完美。我们应该懂得在所谓不完美的环境中不完美的生存，懂得这样的道理也算是一种难得的智慧。我们只有深刻理解“不完美才是常态”的这种智慧，人才可能做到“不会无谓地自卑、无谓的追求完美”。对于演说而言，再完美的演说总能找出一些瑕疵，所以对于过度追求完美无瑕的演说者而言，应该适当的拥有较为宽大的心胸懂得去包容所谓的不完美，应该懂得完美与瑕疵之间的共生共存；同时逐渐修炼自己的耐心、慢慢的积累、不断地磨炼、最终达到不求最好，但求更好的一种心境。

六、优雅形象值万金

心理学中提到过这样一个理论心理定势。当人们看到什么事物或现象的时候会凭借着自己的经验或价值观去做出评价。在生活当中，作为一名演说者，当走上演讲舞台的那一刻起，台下的观众就已经开始有着各自的心理定势了。他们会根据自己的判断做出一定的回应。如果你是一个穿着得体的人，他们应该会给予你尊重的掌声；如果你是一个穿着邋遢的人，他们应该会给予你唏嘘的口哨声；听众的这一系列反应都是可以直接影响到演说者内心的情绪，影响到正常演说效果的。所以演说者在演说的时候应该非常注重自己的优雅形象，具备良好的优雅形象是走向人生更高阶梯的敲门砖；保持良好的自我形象，既是尊重自己，更是尊重别人。打造优雅形象对演说者而言，可以增强自己内心的自信，并且通过美丽的外表及优雅的行为来塑造自己美丽的内心，让自己接受自己、欣赏自己、激励自己、对自己充满信心；对他人而言，能够较容易地赢得他人的信任和好感，同时也能吸引他人的帮助和支持，从而会促进自己演说的成功，使自己的人生更加的通达顺畅。

七、保持健康体魄

毛主席曾说过："身体是革命的本钱！"只要有了健康的体魄，人生中总会有意想不到的收获。演说者在平时的生活中应注意全面的营养、保持快乐的心情、加强身体锻炼、尽可能让自己拥有一个良好的体形。只要能拥有健康的体魄和良好的体形，这也会在无形中促使自己产生一种幸福感，进而产生较足的自信心。

八、逆境思维

凡事都会有积极与消极两方面，当自己不够自信的时候，可以反思因不够自信将会带来什么样痛苦，让痛苦去激励自己产生自信。比如一个不够自信的人，将会失去很多改变自己命运的机会，一旦失去改变自己的机会那将会让自己痛苦的现状持续或者延长；一旦不够自信那将失去很多被领导重用的机会，会被领导与同事忽视；会让自己的财富久久不能聚集，虽然财富聚集的时间是可以等待，但是父母一天天的老去，尽孝是不能等的……当想到这些因没有自信所产生结果的时，可以促使自己减少自卑负面的情绪。

九、海量阅读

古人云："天将降大任于斯人也，必先苦其心志，饿其体肤，空乏其身，行拂乱其所为也，所以动心忍性，增益其所不能。"世上但凡有所成就、有所作为的成功人士，多半都经历了多重磨难之后才有了惊人的事迹，在他们身上我们可以找到很多激励自己的一些事迹，同时还可以找到一种心理平衡或是一种反差，因为书中的成功人士他们的境遇或遭遇或许比现在的我们还要遭十倍、百倍，既然他们能从如此糟糕的境况中走出来，为何我们自己不能做得比他们更好呢，所以可以多读有关名人传记和成功的书籍，尤其是那些曾被自卑困扰的名人的故事，从中可获得很多克服困难的经验，进而促使自己增强自信、塑造强大内心、打造积极自信的一种心态。

第五节 演说者自我介绍如何做到震撼视听

“良好的开端意味着成功了一半”。

任何一场演说几乎都会从演说者的自我推销开始，这里的自我推销也叫自我介绍。公众演说中的自我介绍看似比较简单，但对于想要在一开场就震慑住听众的演说者而言却着实有着较为重要的分量，因为无论什么样的演说对于台下的听众而言，他们是多么的好奇今天的演说嘉宾是一个什么样的人，有什么样非常卓越的成绩，在今天的演说中能给大家带来什么意想不到的内容，能给大家带来什么不一样的收获、不一样的惊喜等等，所以演说者如果想在一开场就让听众对自己开始肃然起敬，那么演说者就需要知道听众内心中会萌生了7个问题。

1. 你是谁？
2. 你将要给我讲什么？
3. 你演说的内容对我到底有什么好处？
4. 你如何证明所讲的内容对我有很大好处？
5. 我凭什么要相信你？
6. 我为什么要马上跟你一起行动起来？
7. 我希望自己现在所花费的时间是值得的！

现实生活中，较多的演说者在开场自我介绍这一环节，几乎都会使用中国历来比较传统方式“谦虚、低调”来介绍自己。

例如：大家好，我今天来到这里演说，其实更多的是与大家分享。我相信台下一定坐着较多的专家、学者和优秀的前辈，我在分享的内容中如果有不对的地方请大家多多指正,多多包涵。

例如:大家好,我是一个非常平凡的人,来自一个平凡的岗位,做着比较平凡的工作。今天能站到这个舞台上与大家分享,我感到非常的荣幸,希望在我接下来分享中能让大家满意,如有不对之处请各位见谅。

演说者如果每次上台在做自我介绍时都是如此的谦虚,那么听众心里一定会产生类似的疑问:"既然你都如此的平凡、如此的平淡无奇,你都没有什么所谓实质性的成就,没有让人叹为观止的业绩……那我花那么多时间在这里又能从你身上学习到什么呢?既然如此,那我也没有必要再浪费我的时间继续听下去了,我更加愿意花时间和金钱去听一个非常出色和优秀人士的演说,因为我可以从他们那里收获到更多,学习到更多……"

一个出色的演说者,应该重视每一场演说中的自我介绍,自我介绍的成败直接关系到台下听众的情绪与整场演说的效果。想必所有人都会有这样的一种感受:"一场电影想要卖到很高的票房和吸引更多的观众,那么在电影上映之前的宣传资料就一定要做到非常的特别,一定要瞬间就能抓住观众的眼球,深深地吸引住听众,这样才有可能集聚到更多的观众掏钱买票";"当看一场舞台剧的时候,开场的节目如果能够让观众惊喜万分、欢呼声、喝彩声不断,那么观众的心情一定是非常期待接下来更加精彩的表演"。所以一场成功的演说不仅需要做到内容的精妙、震撼、余音绕梁,同时还需要演说者在介绍自己的时候能一开场就给听众造成一种期待、崇拜、仰视的感觉,只要能深深地吸引住听众,那么听众的兴趣将会更加的浓烈,他们也将更加愿意倾听下去,演说的效果也随之上升到另一个境界。

公众演说中常见的自我介绍方式有如下两种。

一、平凡普通型

平凡普通型自我介绍属于较为公众化的一种介绍方式，此种方式相对而言较为随意，使用领域也比较广泛，在一般的分享会当中可以选用。

平凡普通型公式：1. 现场问候；2. 自报家门；3. 源于何处；4. 从事职业；5. 由衷感谢；6. 告知演说内容。例如：

1. 尊敬的各位领导，亲爱的各位同仁，大家上午好！

2. 我叫袁智。

3. 来自重庆佐漫文化传播有限公司。

4. 现今主要从事的是培训工作，主要培训有 SYB 创业培训、公众演说与口才培训、企业销售培训、企业员工内训等课程。

5. 今天非常高兴能有机会和大家在这里结缘，首先我想在这里由衷的感谢我的好朋友李浩经理的邀请；同时非常感谢在座各位对我的欢迎；我相信通过这短暂半天的交流，我们大家一定能够有更多的沟通、更多的了解、进而大家都有更多的收获。

6. 我今天主要和大家分享的内容为“如何做好演说前的自我介绍”。

二、震慑视听型

震慑视听型的自我介绍在大型的公众演说会场中使用较为常见，使用频率也是非常的高。此种自我介绍的方式其主要目的是通过塑造自身的价值、凸显自身的闪光点和显著成就，达到让听众知道今天舞台上的演说者是多么的优秀、多么的成功、多么的了不起……进而打消听众在一开始对演说者的一系列疑问，让听众由内而外的产生一种惊呼、崇拜的效应。

震慑视听型的自我介绍在使用时需要做到先抑后扬，给听众造成一种巨大落差的感觉和震撼的感觉。比如“演说者在介绍时可以描绘自己在没有成功之前的遭遇，描绘出当初是多么的落魄、多么的失败、多么的被人瞧不起……但是通过了什么人的指点、经过了什么样的努力，做出了什么样的改变……然后自己是如何从失败、落魄的困境中一步一步地走了出来，最后还创造了什么样的成就、获得了多大的业绩、创造了多大的财富……进而华丽转身成为了今天舞台上这样一个光彩夺目、金光闪耀的成功人士。”这种介绍方式的运用不仅可以很好的宣传和塑造自己，还可以营造出听众在一开始便对演说者开始充满好奇、崇拜、敬仰的效果。此种方式的运用在电视台“名人访谈”类的栏目中也较为常见。

震慑视听型公式：1. 现场问候；2. 自报家门；3. 宣传展示（包含过去的窘困、失败，现在的成就）；4. 告知收获；5. 现场互动；6. 告知演说内容。例如：

1. 亲爱的各位同学，大家晚上好！

2. 我叫袁智，来自重庆佐漫文化传播有限公司。

3. 主持人刚才对我已经做了一个大致的介绍，各位通过 VCR 对我也应该有了一些了解。我 2006 年大学毕业，毕业之后从事过高校老师的工作；之后做过铝合金的推销员；做过门窗厂的 CAD 设计员与工人；做过餐饮店服务员、领班、经理；做过演员；做过模特；做过保镖；做过商演与婚庆的主持人；做过国际贸易、摆过地摊；卖过香水……但最终都算是一事无成，最落魄的时候身上只剩下不足100元钱……今天，我以一名讲师的身份站在这个舞台与大家见面，我可以很自豪地告诉大家，我已经从当年那个十分落魄的毛头小子转身变成了一名出色的讲师，而且还拥有了自己的公司，各位是否应该为台上这个从一个穷小子华丽转身成为拥有自己公司的人热烈的掌声鼓励一下。谢谢！

公司成立至今一直致力于大学生“演说与口才”和“SYB创业培训”，在未来的规划中，我将全身心投入到“演说与口才”与“SYB创业培训”的事业当中，我将游走全国更多的高校进行更多的大型励志演说与创业演说，我相信在不久的将来，我一定可以和我的公司迈上人生的另一个台阶。

4. 今天我非常荣幸的能来到这美丽的大学校园与在座的各位同学面对面的交流，也非常感谢各位同学能花时间来听我的分享。我相信只要你们愿意把时间借给我，我一定可以还你一个不一样的夜晚，我将把这些年所见到的、所遇到的、所学习到的、所感悟到的和大家一一分享，我也相信自己的人生经历一定可以给到更多同学鼓励、指引与帮助，能够在你们的大学生涯里指明一定的方向。

5. 我想问问各位同学，你们想有所收获吗？想有所收获的同学请把你的右手借给我，举高举直，然后手握拳头，做一个有力的下拉动作，大声地说：“YES！”谢谢！

6. 我今晚将和大家分享的内容为“如何做好大学期间的人生规划”。

第二章
演说稿的布局设计技巧

第一节 如何设立演说的主题

任何一场演说都有自己最初的用意,换句话讲就是每一场演说都有他真实的意图和目的。演说者希望通过演说传达什么样的理念、什么样的信息、希望听众能从中获取到什么……这都是演说者在演说之前就需要思考的内容,这也便是本节中所提到的演说主题的设立。

演说主题的设立首先要考虑演说类型的定位,演说类型的确立可以方便主题的设立,生活与工作中演说的类型有很多种类,其中大致可以分为以下五种。

一、说服型演说

说服型演说也称作推销型演说或成交型演说。这种演说常用于竞聘求职与企业一对一、一对多批发式销售的会议营销的演说中。此种演说类型主要是以推销自己的理念、观念与推销企业产品、服务为目的。

二、告知型演说

告知型演说也称作说明型演说。这种演说常用于企事业单位决议、通知的宣布;企业新型产品的新闻发布会当中。告知型演说主要以告知、通知、宣传为目的。比如当企业制造出新产品需要全面上市前召开的新闻发布会。

三、传道型演说

传道型演说也称作教育型演说。这种类型的演说使用范围与领域比较广泛，它主要以传授知识、传授技巧、传授方法为目的。比如市场中经常出现的语言类培训、专业技术的培训、销售技巧的培训等，这些都是以传道为目的的演说。

四、励志型演说

励志型演说也称作激励型演说。这种类型的演说使用范围与领域也比较广泛，它主要以煽动、鼓动、激发听众的激情与情绪，重新点燃听众的希望，让听众通过这样的激励性语言的刺激再次找到自己前进方向与斗志，从而让听众与演说者实现共鸣为目的。比如澳大利亚的著名演说家“尼克胡哲”，他就是一位典型的励志型演说者，他的演说几乎都是以励志、鼓励为主。

五、娱乐型演说

娱乐型演说也称作脱口秀演说。这种类型的演说主要是以诙谐幽默的表达方式，传递与分享更多欢乐的内容以此娱乐听众为主要目的。比如电视节目中，东方卫视的《今晚 80 后脱口秀》；中央 CCTV2 台黄西主持的脱口秀节目《是真的吗?》

演说主题的设立有助于在演说者的准备阶段可以更好的设计和添加内容。比如演说的主题如果属于励志型演说——“别对自己说不可能”，当主题一旦敲定之后，演说中所贯穿的所有案例都将是与鼓励自信、激发勇气有关的故事和内容，就算涉及到的现场互动游戏也都是与提升自信与勇气有关的内容。

对于一个演说者而言，了解演说类型之后，接下来如何才能快速的设立好自己的演说主题呢？以下有两种方法可以快速帮助演说者设计出演说主题方向。

一、九宫格筛选法

九宫格筛选法是指在九宫格子里面写出自己最擅长、最喜欢、最想分享的主题。具体操作：用笔在 A4 纸面横着画四根平行线，再画四根垂直穿过横线的竖线，画出来之后的效果就会是一个有着九个格子的图案（这就是所谓的九宫格），然后在这个九宫格的正中间写上“我的主题”四个字，剩下就还有 8 个空格子，在剩下的格子中写出自己擅长或者喜欢的主题。我们并不要求演说者把九宫格都写满，因为任何人都不可能是天才，也不可能什么都精通，所以主题一般控制在 3 ~ 8 个之间就比较合适了。

演说者在运用九宫格筛选法时可以从以下两个方面去考虑。

1. 从自身的专业能力入手

演说者在九宫格中填写主题的时候可以考虑从自身专业能力出发，这样不仅可以更好地发挥出自身专业的优势，同时也可以让这方面的演说更加具有说服力；因为当演说者在演说具体某一方面知识的时候，听众其实也会带一种审视的目光去衡量台上的演说者，“你到底是不是这方面的专家或者是能手”。比如我自身是一名公众演说培训师，经常活跃在不同的舞台，自身对演说中的技巧、互动、开场、结尾等方面都是非常了解和擅长，自己在讲这方面内容的时候，不仅可以发挥出自己的特长，而且听众也会相对比较信服，所以在九宫格中的其中一个格里我就会写上“公众演说”这个主题。

2. 从自身兴趣方面入手

演说者除了从自己专业知识方面入手设立主题外，还可以考虑从自身兴趣爱好方面去设立主题，因为演说者在分享某个主题内容的时候，可能不会是太专业，但是处于对这一主题拥有强烈的兴趣爱好、很喜欢、很着迷、而且又花了很多时间去研究与探索，所以可以考虑从中入手去写出自己想分享的主题。

二、听众需求导向法

听众需求导向法是根据听众的需求去设立相应的演说主题。当演说主题设立之后再去添加演说的内容。这种演说主题的设立相对而言具有比较强的针对性，对演说者的演说技巧与演说内容的设置具有一定的挑战性。

演说者在使用听众需求导向法时需要弄清楚以下几个方面的问题。

1. 听众想听到什么

听众是对知识的求知、事件的了解、心灵的激发还是精神上的愉悦，这需要演说者提前预知及定位。

2. 演说想达到什么效果

演说者在设计主题的时候，应该大致预估演说之后的效果，演说效果大致会有使人知、使人信、动人情、促人行。

3. 演说者身份的定位

作为演说的嘉宾或是主讲，是以专家、朋友还是老板的身份出席演说需要演说者自身定位。

4. 听众的了解

演说者在设计主题的时候应该大致了解听众的年龄、性别、职业、学历、收入、地位等信息，这样更加方便对主题设计及把控。

第二节　如何设立语惊四座的开场(一)

演说精彩的开场,预示着已成功了一半。

根据听众心理注意力曲线图的调查结果显示,在任何一场演说开始的阶段听众的注意力都将是属于高度集中、内在情绪会比较饱满、内心也会充满无限期待的时候。听众的注意力、情绪会随着演说开场的精彩与否而开始发生着微妙的变化。演说者如果想在演说的一开始就创造个开门红,想深深地打动和吸引住听众,而且还希望听众的思维、注意力、情绪都紧跟演说者的节奏,那么演说者的开场就显得非常的至关重要了。反之,如果演说者在一开场并没能快速地吸引与打动听众,那么听众的期待、情绪也将会大大降低,听众的兴趣也随之减弱,听众注意力也就开始下降,那么接下来的整场演说效果也将会产生很大的影响。所以对于一个成功的演说者而言,演说开场的成功与否就显得非常关键及重要。

演说中精彩的开场不仅可以为接下来的演说做一个良好的铺垫,而且还能为整场演说的效果起到锦上添花的作用。演说中精彩的开场方式会有很多种,其中最为常用的开场方式大致可以分为以下十种。

一、万能式开场

万能式开场顾名思义是指在任何一种演说场合都可以套用的一种固定开场方式。具体公式:1. 现场问候;2. 言辞感谢(感谢主办方、听众、领导、个人或感谢与演说有关的人与事);3. 自我推销;

4. 告知主题;5. 告知收获:6. 听众互动(调动听众情绪使其融入到演说中来)。例如:

演说题目“梦想的力量”

1. 现场问候

经贸科技大学,各位充满激情与活力的同学们,大家上午好!

2. 言辞感谢

今天非常高兴能来到这美丽的大学校园,能站在这里跟大家见面与大家一起分享。首先,我想感谢经贸科技大学的各级领导能提供这样一个平台,给我们大家创造了这么好的沟通与交流的机会,所以我提议用我们热烈的掌声,感谢前台就坐的各位领导。其次,感谢为举办这次讲座,而在幕后默默工作的所有老师、同学及工作人员,感谢你们默默的付出、辛勤的工作。谢谢你们!最后,我还想感谢,在座的每一位听众朋友,感谢你们能够放下手中的事情能来参加今天的讲座,我相信大家这样积极上进的学习态度定将会在不远的将来一定能取得更大的成就,获得更大的成功,所以我提议,再次响起热烈的掌声为自己积极上进的学习态度鼓励一下!谢谢。

3. 自我推销

刚才在我上台之前,主持人已经对我做了相应的介绍,我相信大家应该对我有一点初步的了解。我叫袁智,来自重庆佐漫文化传播有限公司,在创办公司之前我曾从事过很多不同行业的工作,做过老师、做过推销员、做过演员、做过模特、做过服务员、做过培训师、做过送货员、摆过地摊、做过国际贸易等等,但是经历这么多的打拼,但是一直都是一无所成,曾经最落魄的时候身上只剩下不足100元钱……但是今天我不再是那个一无所有、一无所成的穷小子,而是从一个一无所有的穷小子华丽转身成为一个拥有自己公司的创业者、一个讲师，为此我很欣慰，我感到自豪。我相信大家都非常想知道我是因为什么力量，让自己经历那么多坎坷，依旧可以坚持不懈的努力一步一步走到今天。

4. 告知主题

所以接下来我将与大家分享，什么样的力量一直支持着我，同时这也是我今天将演说的主题“梦想的力量”。

5. 告知收获

我这一路走来可以说是经历了风风雨雨、几起几落，但是我今天还能依旧重新再次重振旗鼓站起来，那是因为我内心一直都有一个梦想，是心中的梦想让我在一次次地跌倒中，再一次次地爬起来。我觉得心中有梦想，那就会获得无穷前进的动力。所以，我想告诉你，只要你今天能把您时间借给我，我相信一定能点燃你内心的激情，燃起你心中的那个梦想，让我们充满能量一起向梦想出发。

6. 听众互动

亲爱的同学们，请问你们有梦想吗？你们希望让自己的人生过得更加的充实更加具有能量吗？如果你希望，那就请举起你的右手，举高举直，手握拳头，做一个下拉的动作，和我大声地说一句：“YES！”谢谢。

备注：此万能公式的顺序可以根据演说者自己调整或者删减一些步骤。

二、提问式开场

提问式开场是指演说者在站定舞台后，运用提问的互动方式作为演说的开场。提问式开场是运用问题切入演说，运用问题来吸引听众眼球与注意力。提问的使用不仅可以让听众快速地融入到演说中，还能快速让听众的思维转动起来；同时也还能快速让听众与演说者实现互动共鸣。提问式的运用还有一个好处——那就是可以起到缓解演说者内心的紧张情绪。当演说者刚刚站定舞台时，也许还没有完全的适应舞台，所以内心难免还会有一丝紧张的情绪，脑袋也可能会出现瞬间空白的刹那，此时运用提问的方式与观众进行互动，不仅可以让观众参与其中，还可以让演说者争取到一点时间来适应舞台和缓解内在的紧张情绪。

演说中使用到的提问式开场一般分为两类。

1. 引导式提问

引导式提问是指演说者提出简单易答且具有限制性答案的问题，提出的所有问题都是演说者早已事先设计好的，只是利用引导提问的方式让观众自己说出演说者想要的答案。引导式提问的运用，有助于演说者快速吸引听众的注意力、调动现场的氛围、调节听众的情绪，还可以让听众按照演说者早已设计的思路去做出回答。

比如你们是否希望从今天的演说中获得更多的收获？你们觉得公众演说的能力在现实社会中重要吗？

例如：演说题目“梦想的力量”

招呼问候：各位充满激情、活力、优秀、聪慧的大学生朋友们，大家好！

自我推销：我叫袁智，来自重庆佐漫文化传播有限公司。

引导提问：在今天演说正式开始之前，我想问问现场的同学们，你们是否希望从今天这场演说中获得收获，然后让自己的命运逐渐开始发生魔术般的改变，你们想吗？请问各位同学，你们此时此刻的情绪和状态已经调整好了吗？如果你已经调整好了，那么请高高地举起你的右手，手握拳头，然后和我一起做一个下拉动作，充满能量大声的说："YES！"OK，非常不错，请响起热烈的掌声送给充满能量与激情的自己，谢谢。

告知主题：今天我将与大家分享的演说主题是"梦想的力量"。

2. 辅助式提问

辅助式提问是指演说者借助与演说主题有关的道具或实体物件在向观众展示的同时并开始对听众进行发问，进而引入到要演说的主题。例如：

演说题目"水知道答案"

招呼问候：各位充满激情与活力的同学们，大家好！

自我推销：我叫袁智，来自重庆佐漫文化传播有限公司。

开始提问：在今天演说开始之前，我想请大家看看我手里拿的这4张图片，猜猜图片当中的图案是由什么构成的？是的！里面的图案都是由水构成的晶体，我们把它叫作水结晶。为什么同样物质的水会变成不同形状的晶体图案呢？

告知主题：这就是我今天要讲的演说内容——"水知道答案"。

三、赞美式开场

赞美属于人际交往的一种润滑剂，它的运用可以快速拉近人际间的心理距离，还可以快速的让演说者与听众间建立一种相互认同的好感。赞美在演说中的运用非常广泛。比如演说的开场可以使用赞美；听众在参与互动或回答问题结束时可以使用赞美；演讲中需要调动听众情绪时可以使用赞美；演说末尾结束的时候可以使用赞美……赞美作为演说开场使用时，大致可以从以下几方面去运用。

1. 赞美听众的热情

招呼问候：各位充满激情与活力的同学们，大家上午好！

运用赞美：今天非常高兴能在这样风景宜人、文化气息浓郁的高等学府与大家见面并认识大家。我曾经到过很多的高校去演说，但是从来没有遇到过像你们今天这样充满着十足激情与朝气的同学，你们的状态总是那么饱满，你们的掌声总是那么热情给力，我相信你们就是经贸科技大学最最优秀的同学们，所以我坚信你们是我遇到的最有支持力、最热情、最给力的听众。你们是吗？我相信今天的演说也会在你们的最给力的支持与配合下取得圆满成功，所以我提议用我们最热烈的掌声送给最热心、最给力的自己，谢谢。

告知主题：今天我将与大家分享的演说主题是"梦想的力量"。

2. 赞美听众的职业

招呼问候：各位充满活力、积极上进的所有伙伴们，大家好！

运用赞美：今天我非常的高兴能来到格力公司与各位优秀的伙伴们见面。我坚信，格力公司的每一位员工都是非常优秀的，今天坐在台下的你们就是最优秀的员工、最出色的员工、最爱岗敬业的员工代表。是你们在自己的岗位上兢兢业业的付出，创造出了无数优质的产品；是你们用心的付出让中国成千上万的家庭都能享受现代化、智能化产品带来的好处。你们就是给万千家庭创造便利的无名英雄，你们就是企业人才，你们就是格力的骄傲，你们就是华人心中的骄傲。今天我能有机会见到这么多优秀的员工，我谨代表自己向现场每一位优秀的员工表示最真诚的敬意。谢谢你们。

告知主题：今天我将与大家分享的演说主题是“工作中的快乐”。

3. 赞美听众所在的环境

招呼问候：各位充满激情与活力的同学们，大家上午好！

自我推销：我叫袁智，来自重庆佐漫文化传播有限公司。

运用赞美：昨天晚上，我和一个朋友聊天。当我告诉这位朋友今天将要来经科大演说的时候，他特别兴奋地告诉我说：“经科大里面的学生个个聪明伶俐、人才济济；男孩子长得帅、女孩长得美；环境那可真是曲径通幽、别有一番景象”。我今天带着急切且期待的心情来到这里，当我跨入校门那一刻开始，我真的被这里的环境所震撼到了，这里绿树林荫、道路干净宽敞、这里自然环境与人文环境相得益彰，完全就是一个美一个妙；同时，我还发现这里四处都能见到拥有阳刚之美的男同胞，转角就能遇到具有东方气质、端庄大方的女性同胞。我真心的感叹，真是一方水土养一方人，这里真是山美、水美、人更美！大家同意吗？同意的话，就用你们最最热烈的掌声来告诉我，谢谢。

告知主题：今天我将与大家分享的演说主题是“如何更好融入大学生活”。

4. “借花献佛”引用他人的赞美

招呼问候：各位充满激情与活力的同学们，大家上午好！

自我推销：我叫袁智，来自重庆佐漫文化传播有限公司。

运用赞美：我在来到这里之前曾和一位老师聊天，老师告诉我，我将要去面对的一群演说对象都是非常优秀的人，特别叮嘱我一定要好好准备，因为有可能这一群学生的学识都在我的学识之上。

今天在这里有幸见到你们这一群非常优秀的同学，真的非常开心。我相信你们将会成为世界上最优秀的人，成为各个领域都非常拔尖的人才，同时我还相信优秀的人才就一定具备最佳优秀的状态，同意吗？同意的话就用你们热烈的掌声告诉我，谢谢。

告知主题：今天我将与大家分享的演说主题是“如何变得更加的优秀”。

第三节　如何设立语惊四座的开场（二）

四、引用式开场

引用式开场顾名思义就是在演说开场时引用名人、名家曾经讲过的话或引用前面演说者曾讲过的话语来作为开场。

1. 引用名人名言

例如招呼问候：尊敬的女士们、先生们、亲爱的兄弟姐妹们，大家上午好！

引用名言：我记得佛经上曾经说过：“短短今生一面镜，前世多少香火缘，红尘滚滚，芸芸众生，缘聚缘散，处处皆缘”。中华大地960万平方公里，14亿人口的泱泱大国，今天你我能在此相识相聚，这也印证了佛经上讲的“一切皆有缘”。我相信我们今天的相聚，今天的共同学习，至少也是50年来修出来的一种缘分，所以让我们共同珍惜、共同拥有、共同的度过这美好的一个上午，大家说，好吗？

告知主题：今天我将与大家分享的主题是“如何建立优质的人

脉”。

例如招呼问候：亲爱的各位听众朋友们，大家上午好！

引用名言：我记得俄罗斯一位伟大的现实主义作家、文学家、思想家、哲学家“列夫·托尔斯泰”曾经提到过三个问题。

“谁是这世界上最重要的人？”

“什么事是这世界上最重要的事？”

“什么时间是这世界上最重要的时间？”

这三个问题的答案分别是此时此刻和自己在一起的人是世界上最重要的人；此时此刻自己做的事情是世界上最重要的事情；此时此刻的分分秒秒就是世界上最重要的时间。

所以我想告诉各位，此时此刻你们就是我认为世界上最重要的人；此时此刻我们做的就是最重要的事情；此时此刻我们现在一起度过的每分每秒就是最重要的时刻，你们同意吗？同意的话就举起右手，举高举直，手握拳头，做一个下拉动作，大声地说："YES！"

告知主题：今天我将与大家分享的主题是“活在当下”。

2. 引用前面演说者讲过的话

例如招呼问候：各位听众朋友们，大家上午好！

引用话语：李老师在刚刚的演说中提到了未来30年成功秘诀是选定目标，全力以赴，持之以恒。我觉得讲得非常的精彩、富有哲理、我从中也受益颇多！我想问问各位，你们有没有从中收获良多啊？觉得收获良多的同学请举手示意一下好吗？谢谢。让我们再次响起热烈的掌声送给我们非常出色、优秀的李老师。

告知主题：今天我将与大家分享的主题是“如何做好职业规划”。

五、故事式开场

全球著名的广告传播公司奥美广告集团曾调查发现,任何一场演说,唯一能让听众记忆深刻的内容那就是故事。故事的运用不仅可以让听众印象深刻,传递一定的寓意,并且还可以深深的抓住听众的注意力。故事的运用在演说中非常广泛及实用,它不仅可以穿插在演说内容当中,还可以运用在演说的开场或者结尾。故事运用在开场的时候需要注意选材应与演说的主题有一定关联,故事的引用是为演说主题做一定的引导和埋下伏笔,所以故事的时间不要太长,控制在3~5分钟较为适宜;故事内容不要太复杂,寓意浅显易懂比较合适。例如:

招呼问候:亲爱的同学们,大家上午好!

自我推销:我叫袁智,是今天的主讲讲师。

运用故事:在演说之前,我想先给大家分享一个小小的故事。

从前,有三个人年轻人想去寻找到一位武艺高强的老师拜师学艺,学习精湛的武功。这三个人历尽千辛万苦来到老师住处。老师接待了他们并对他们提出了同样的一个问题:"请问你们来学习武功的目的是什么?"

第一个徒弟说:"师傅,我学习武功,是想强身健体"。

第二个徒弟说:"师傅,我学习武功是因为我长太胖了,我想减肥"。

第三个徒弟说:"师傅,我学武功的目的是,我一定要学好武功去保护我们村庄的安全,因为近来我们村庄常遇到一些强盗和土匪"。

各位朋友,您觉得哪一个人会学得比较好?

对的，当然是第三个徒弟！所以各位同学，今天您也走进了这个教室，也参加了这个培训，您来到这里会抱什么样的心态呢，是想要学会，还是一定要学会呢？

我想告诉各位，这场培训的内容是相同，可是如果听演说的人心态不同、出发点不同、结果就必然不同，所以我想问问各位，你们是一定要学会公众演说呢？还是想要学会公众演说？

OK，如果是想一定要学会的同学，那就拿出一定要的信心和心态来学习，可以吗？可以做到的同学，那就请高高举起你的右手，做下拉动作，大声地说一句："YES！"同时再次响起热烈掌声送给自己。

告知主题：今天我将与大家分享的主题是"如何才能成为演说家"。

六、悬疑式开场

悬疑式开场俗称卖关子，是指演说者在正式演说前向听众抛出问题制造悬念，当问题引起听众开始思考且参与互动时，演说者再公布答案解决悬疑的一种方式。悬疑式开场的好处是能够快速吸引听众的注意力，引发听众兴趣并能快速让听众融入演说中。例如：

招呼问候：亲爱的各位听众朋友们，大家上午好！

自我推销：我叫袁智，来自重庆佐漫文化传播有限公司，是今天的主讲老师。

运用悬疑：在演说之前，我想请教各位，一加一等于多少？（这样的问题过于简单，但是听众一定不会轻易做出回答，因为担心里面一定暗藏玄机，此时听众的注意力一定会非常集中）刚才的回答当中，很多人的答案都认为应该是二，到底对不对呢？其实一加一到底等于多少呢？答案有无限种的可能。比如打个比方，如果销售部和市场调查部门之间的合作非常默契成功，那么他们两个部门所创造出的价值总和一定大于两个部门分别产生的价值总和。这也就是说一加一可以等于二，也可以等于三、等于四，如果配合并不默契，反而是相互拆台，那么最终的结果也有可能小于二。

告知主题：所以我今天和大家分享的主题是《团队如何高效的合作》。

例如招呼问候：亲爱的各位听众朋友们，大家晚上好！

自我推销：我叫袁智，来自重庆佐漫文化传播有限公司，是今天的讲师。

运用悬疑：在演说之前，我想告诉各位一个震惊的消息，今晚演说结束之后，诸位之中可能有一位同胞不能平安回家。如果按照全国交通事故发生比例千分之一来计算，那么1000个人当中将会有一人因为交通事故而住进医院。这样悲剧的发生确实让人胆战心惊，但是，我相信通过今晚的演说，可以帮助大家提升安全意识，减少意外的发生，让大家每天都能平安的回到家中与家人团聚。

告知主题：所以我今晚的演说主题是《如何提升自己的交通安全意识》。

七、互动式开场

互动式开场是指演说者在正式演说前向听众提出要求，让听众跟随演说者的指令做一些肢体或者是语言上的配合，同时也可以放一些音乐或舞蹈表演的视频让听众跟随一起舞动。互动式开场的好处是能够快速调整听众的情绪状态、吸引听众的注意力，让听众相互之间也能快速的打破僵局。例如：

招呼问候：亲爱的各位听众朋友们，大家好！

自我推销：我叫袁智，来自重庆佐漫文化传播有限公司，是今天的主讲。

运用互动：在演说之前，让我们来做一个小小的敏感度测试好不好？来……请把你们的左手右手借给我，当我说到三的时候，你们就把两只手合在一起，准备好了吗？一、二、三，好的，请双手合拢之后不要分开，请左手大拇指在上的朋友举手示意一下，据心理学家做过上千次的测试，左手大拇指在上的人是一个比较有魅力、比较自信的人，大家说要不要给予热烈的掌声送给他们！请右手大拇指在上的人举手示意一下，据心理学家做过两千多次的测试，右手大拇指在上的人一般是比较容易成功、比较容易赚到大钱的人，大家要不要给予这一帮能赚到大钱的人、容易成功的人掌声鼓励一下，好的，谢谢！最后请左手右手两个大拇指并排放在一起的听众起立，据心理学家做过上万次的测试，左手右手大拇指并排放的人是即有魅力、也有自信、也容易成功、也容易赚到大钱的人，大家要不要再次响起更加热烈的掌声送给这一群容易成功的朋友！好的谢谢。

告知主题：一段测试之后，接下来我们将进入今天的主题"如何让自己变得优秀"。

八、感谢式开场

感谢式开场是指演说者针对现场观众、来宾、主办方或与演说有关的人与事进行言辞上的感谢，体现出演说者内心的感激之情，同时也能快速拉近演说者与听众之间的心理距离。例如：

招呼问候：各位优秀的伙伴们，大家好！

运用感谢：今天在我来到会场之前，我听我的朋友说：“主办方为了组织好此次演说会，早在一周以前就开始精心的筹备；今天会场上的音响、话筒、舞台、灯光、背景、音乐都是经过无数次的校对、无数的彩排、确保演说会的顺利举行”。我作为今天的主讲嘉宾，听闻之后我非常的感动，在此我非常想对我们的主办方表示深深的谢意，感谢你们的默默付出、感谢你们的专业精神，谢谢。同时，我提议用最热烈的掌声送给我们主办方及幕后所有的工作人员们，谢谢你们！

告知主题：接下来我们将进入今天的主题“细节决定成败”。

九、情景式开场

情景式开场也称为应急式开场，指在演说开场时舞台、设备等出现突发情况，此时的演说者根据这一突发情况作为一种开场方式，自然灵活并恰到好处的缓解此时的尴尬情况。例如：

招呼问候：亲爱的各位听众朋友们，大家好！

结合情景：刚从你们的惊叹声中我已经感受到了，此时的你们一定被我刚才摔的一跤吓到了；同时我也从你们的眼神当中看到了，你们此刻内心当中泛起了只有善良的人才会有的怜悯之情，心里在想，疼吗？在这里我想告诉各位，这一跤摔得还是蛮疼的。但是看到有这么多热心的听众给我支持与鼓励，我内心告诉我自己“疼痛一切都是浮云，不能阻挡我演说的热情”大家同意吗？

同时，我还想告诉各位，我从中国的西南一路演说到中国的东北，我走过了中国很多个城市，在中国几百所高校进行演说，经历过各种不同的大小演说会。今天来到经贸科技大学进行演说，我发现只有我们经贸科技大学的舞台原来不是任何一个人都可以随随便便就可以上来的，因为这里聚集的都是一群非常优秀且积极上进的同学，同意吗？所以我默默告诉自己，既然上来了，那就得留下点什么，那就留下点精彩的演说好不好？

例如告知主题：接下来我们今天的主题是“如何逆水行舟”。

招呼问候：亲爱的各位听众朋友们，大家好！

结合情景：请问，后面的听众朋友，可以听到我说什么吗？OK，非常不错，那证明我的声音的穿透力还可以！虽然此时此刻的话筒不是很给力，但是我相信设备的问题，丝毫不能影响我们大家听演说的心情，也不会影响我演说的心情，只要大家情绪依旧高涨，我承诺我今天就算是没有话筒，我也让大家乘兴而来，尽兴而归，大家说：“好吗？”谢谢。

告知主题：接下来让我们一起进入今天的主题“在失败面前说NO”。

第四节　如何设立余音绕梁的内容

一场演说之所以可以与听众产生共鸣，能够在听众内心产生强烈的心灵冲击，让听众从演说中有所收获的同时还能激发起听众产生一系列的改变，其关键的核心点还是取决于整场演说中的内容。作为演说者如果想要把整场演说推向高潮、实现与听众产生共鸣的效果，那么在演说内容选材与安排上面就非常的考究了。演说者除了在演说内容的选材、设计与安排上须要用心之外，还需要考虑到另外一个对于演说比较重要的因素，那就是时间。一场演说的时间有长有短，长则达到120分钟，短则可以为1分钟；作为演说者如果想把演说内容做得非常的周详、细致，那么在整场演说的时间掌控、分配上面就显得非常的重要了；所以在这一节中将重点讲解演说内容的时间分配、演说内容的设立与演说内容的添加三个方面。

一、演说内容的时间分配

每一场演说的时间长短不一，但大致可以分为120分钟、90分钟、60分钟、30分钟、10分钟、3分钟、1分钟，七个时间段。无论演说处于哪一个时间段，演说的主体结构都是不会变化的。我们在设计添加演说内容的时候，完全可以按照时间分配的定律去添加内容，这样对于演说内容的添加与设立就会更加的方便。那么演说框架中包含的开场、内容、结尾三个部分的时间将如何分配，每一个板块占据的时间将又会是多少？这就需要运用到演说内容的时间分配定律，即“六一定律”。

“六一定律”是指把整场演说的时间按照六等份均分，然后取1/6的时间作为演说的开头，取1/6的时间作为演说的结尾，剩下4/6的时间作为演说的内容。比如：以一个小时的演说为例，演说开场白的时间不能超过总时间的1/6，也就是10分钟；演说结尾的时间也不能超过总时间的1/6，也是不能超过10分钟；那么剩下4/6的时间，也就是40分钟全部属于演说的主体内容板块。演说内容的时间分配定律无论面临长时间演说还是短时间演说依旧有效。具体参照下表。

演说时间	开头	内容	结尾
1 分钟(60 秒)	10 秒	40 秒	10 秒
3 分钟	30 秒	2 分钟	30 秒
10 分钟	1.5 分钟	7 分钟	1.5 分钟
30 分钟	5 分钟	20 分钟	5 分钟
60 分钟	10 分钟	40 分钟	10 分钟
90 分钟	15 分钟	60 分钟	15 分钟
120 分钟	20 分钟	80 分钟	20 分钟

二、演说内容的设立

演说主体结构的时间分配了解之后，接下来要做的就是应该给演说的主体部分添加和设立适当的内容了。演说内容的添加非常的考究，即要求内容条理清晰、逻辑分明、能吸引听众、感动听众、而且还需要激励听众、影响听众，同时还需要富有哲理或教育意义。那么如何才能达到以上所述的要求呢？那就需要用到演说内容设立的“三八定律”。

“三八定律”是指一个演说主题将由 3 ~ 8 个论据作为主题的支撑点。比如任何一场演说都将会有一个核心的主题，演说者为了论证主题的真实可信，那么就必须提出相应论据作为证明，同时论据数量不能太多，一定要控制在 3 ~ 8 个之间；因为论据太多反而会给听众造成听觉上的混淆，反之 3 ~ 8 个论据数量适中，很容易让听众记住。具体参照下表。

<table>
<tr><td>主题</td><td>《如何建立良好和谐人际关系》</td></tr>
<tr><td rowspan="3">论据</td><td>应当具备一定亲和力</td></tr>
<tr><td>应当具备助人为乐的行动力</td></tr>
<tr><td>应当具备一种主动的能力</td></tr>
</table>

“三八定律”的使用可以清晰直观的将演说内容进行划分，可以轻松的给演说内容进行设计。同时，还可以根据演说时间的分配定律计算出，每一个论据在演说中分别需要占据的时间。具体参照下表（以 60 分钟为例）。

<table>
<tr><td>开场</td><td colspan="2">10 分钟</td></tr>
<tr><td rowspan="4">内容</td><td>主题</td><td>《如何建立良好和谐人际关系》</td></tr>
<tr><td rowspan="3">论据</td><td>应当具备一定亲和力　（13 分钟）</td></tr>
<tr><td>应当具备助人为乐的行动力　（13 分钟）</td></tr>
<tr><td>应当具备一种主动的能力　（13 分钟）</td></tr>
<tr><td>结尾</td><td colspan="2">10 分钟</td></tr>
</table>

从以上图表中可以看出，演说内容上的 40 分钟时间其实被三个论据所分摊，每一个证据占用时间为 13 分钟，这样化整为零的设计，其实是帮助演说者更容易的把控整场演说，做到对演说内容的有效设计。演说者如果想更加深入的挖掘和更好的阐释论据，那么在论据的设计和内容添加上也可以运用“三八定律”的原则把论据再次的拆分细化。具体参照下表（以 13 分钟的论据为例）。

内容	主题	《如何建立良好和谐人际关系》	
	论据	应当具备一定亲和力（13 分钟）	微笑的能力　　（5 分钟）
			欣赏赞美的能力（4 分钟）
			平易近人的能力（4 分钟）

三、演说内容的添加

演说内容的选择、添加是一场演说成功与否的关键。一场演说效果的好坏，最终是否能给听众留下深刻的印象、是否能令人信服、是否能激励听众、是否能感动听众并引起共鸣，很大一部分因素都会取决于演说内容当中添加的素材。

演说中什么样的素材会使演说内容显得更加丰满、更加的精彩、更加的具有震撼效果呢？据全世界著名的广告公司“奥美广告集团”曾调查发现：“听众在听完演说后的一个小时内，会忘掉演说内容里面几乎一半的内容；听完演说经过一天之后，基本会忘掉演说里面 80% 的内容；听完演说一周之后，基本忘掉了演说里面 95% 的内容；而听众唯一记得且印象深刻的内容，那就是演说者在演说时所讲到的故事、例子、亲身的经历”。从这则调查结果中可以发现，一场精彩、成功的演说内容中一定得插入恰如其分的故事，因为听众最喜欢听的、印象最深刻的其实也就是故事。

故事其实是世界上最古老、最具有影响力、最具有说服力的一种语言素材；它的运用可以让话语更加地生动，让话语显得更加地真实。演说中为了让演说效果更加的具有吸引力、说服力，那么故事添加就显得非常的实用与重要了。现实生活中众多出色的演说者，在他们的演说内容里面一定都会穿插着故事，他们擅长根据现场的实际情况给听众讲不同类型的故事，从而以引起与听众间的共鸣。所以如果演说者想让自己的演说更具震撼、更加的精彩、更具有说服力，那么在演说内容素材的添加方面就一定加入故事。演说中故事的选择非常的关键，故事的好坏可以直接影响到听众的情绪和演说的说服力，对整场演说是否可以更加地成功、更加的具有震撼力有直接的影响。所以演说者在选择故事素材的时候需要考虑故事是否具有深度、故事是否具有教育寓意、具有煽动性、具有激励性……故事的选择大致可以从以下几个方面入手。

1. 名人的故事

名人在生活中总能给大众留有几分神秘的感觉，而且大多数时候听众对名人的故事也都比较好奇，如果在演说中能加入他们在生活中、工作中、创业中所谓的传奇故事，那一定能够吸引住听众的注意力，因为名人故事的运用不仅可以增加演说说服力，同时还能引起与听众间的一种强烈共鸣。比如在励志型的演说中，可以加入创业奇人“褚时健的传奇创业故事”，这种类型的励志故事，在励志演说中一定可以增强说服力，同时还可以激发听众的情绪。

2. 自己的故事

自己的故事是指自己亲身经历过的一些崎岖坎坷、成功、失败或是生活中的点点滴滴。每一个都会经历不同的事情，那么这些经历过的事情其实是生活中最最真实的。但凡是听众没有听过的，也正是听众比较好奇和愿意倾听的，所以在演说内容的素材里面加入了自己的故事，会让演说显得真实、感人、容易说服听众，而且还可以非常容易的引起与听众之间的共鸣。

3. 寓言故事

寓言故事是指富有明显讽刺或教训意义的故事。它的结构简短,多用借喻手法,使富有教训意义的主题或深刻的道理在简单的故事中得以体现。寓言故事的使用在演说中也是非常的频繁,因为它本身所特有的教育性、哲理性能够对听众产生很大的启发和教育作用,听众也会在听完一段寓言故事之后就会有一定的沉思和感悟,所以演说者在演说内容的素材添加中可以考虑加入相应的寓言故事。

4. 鲜为人知的故事

鲜为人知的故事是指生活中听众几乎都不太熟知的故事。此种故事的选择可以是生活中看到的、自己经历过的事、生活中朋友身上发生的事、也可以是社会中发生的一些故事等。故事本身是具有一定的代表性、在演说的时候也容易吸引住听众的注意力,同时也能很好的唤起与听众间的共鸣。

演说故事的选择除了考虑以上四个方面以外,在实战的演说中对故事的使用还应该注意到以下方面的内容。演说者故事的选择应紧扣演说的主题;故事在作为论证使用时应该考虑最好选用一个名人的故事(名人的故事可以做有效的论据支撑、扩大听众想象力、增强说服力)、一个自己的故事(自己的故事最真实、最感人、最能引起听众情绪的波动)和一个寓言故事。

第五节　如何设立铿锵有力的结尾

成功的演说要求能做到凤头、猪肚、豹尾,开头如放炮,结尾如撞钟。前面几节已经讲过了演说的开场(凤头)、演说的内容(猪肚),接下来本节中将讲到的是演说的结尾(豹尾)。

演说中精巧有力的结尾方式能给听众留下比较完整深刻的印象、能够促人深思、回味不绝、还能振奋听众的心情和唤起听众内在的情感,同时还能让听众在愉悦的结束语中感受到一定启发、教育及召唤。相反,如果演说者在结束处并没有做到波澜壮阔、翻江倒海、余音绕梁、令人回味的效果,而是平淡无奇、枯燥无味……那这样的结尾注定会给听众留下一种索然无味的遗憾,同时演说的整场效果也将减分不少。作为演说者应该明白,演说的开场很重要,演说的结尾也同样的重要,因为一场演说的完整性在一定程度上也会受到演说结尾的影响。演说者除了需要掌握演说的开场与内容以外,还需要熟练掌握演说结尾的设计安排;演说的结尾既需要设计出铿锵有力、排山倒海的效果,也需要渗透出余音绕梁、回味不绝的内涵。演说结尾设计的方法其实比较简单,大致可分为固定模式与灵活模式两种。

一、固定模式

固定模式是指在平常的演说中使用比较频繁的一种演说结尾模式,这种结尾模式类似于公式一般,演说者可以根据不同的演说主题选择或参照并设立出相应的演说结尾。

1. 故事式结尾

故事式结尾是指以一个与演说主题有关的故事作为结束的话语,用以升华演说的主题,同时也还能给予听众更多的启发与鼓励。故事式结尾的方式在演说中使用频率较高并且效果也非常不错。例如:

亲爱的各位同学，我的演说已经逐渐到了尾声，在结束之前，我想和大家分享一个小小的故事作为今天演说的结尾。

在很久很久以前，曾有一个年轻人，生活一直比较潦倒、事业上一直没有辉煌与光明，所以有一天他专程跑到一所香火鼎盛的寺庙去请教一位德高望重的老禅师。“老禅师，我努力打拼了这么些年，也学习了很多手艺，但是为什么我还是一无所有，一穷二白呢？你可以帮我算算，我什么时候才可以转运，什么时候可以发财呢？”

老禅师听完年轻人的话语微微一笑便说道：“年轻人，请把你的右手借给我。”小伙子兴奋地把右手伸了出去，然后静静等待禅师的解答。此时，老禅师用手托起年轻人的手，问道：“小伙子，你知道你手上的生命线在哪儿吗？事业线在哪儿吗？爱情线在哪儿吗？”小伙子听罢忙用另外一只手比划着说：“这里……这里。”老禅师听罢微微一笑，让小伙子把手慢慢握起拳头，说道：“小伙子，既然你已经知道生命线、爱情线、事业线都在你自己的手里，那么请你牢牢地把它抓住，请记住，我们自己虽然不能决定自己可以活多久，但是我们自己可以决定自己活得是否精彩，一切所谓的命运都是掌握在我们自己手里面的，所以你想要什么的生活、什么样的未来，记住，命运其实都是自己掌控的。”

各位，故事讲到这里，我的演说也就快结束了，短短一个故事道出了一定的哲理，所以请问各位同学“命运掌握在谁的手里啊？”最后送大家一段话：未来无论将遭遇多少风雨、多少坎坷，我们都应该毫不畏惧、勇敢面对、充满期待与挑战未来；我坚信，我们每个人生命的未来、命运都掌握在我们自己的手里。谢谢。

2. 感谢式结尾

感谢式结尾是指在演说快要结束时运用感谢的方式作为结束

的话语。在使用感谢式结尾时演说者需要做到通盘考虑、顾全大局，需要考虑是否应该感谢活动的主办方、感谢给予活动大力支持单位、参会的领导及嘉宾、前来听演说的听众、幕后的工作人员等。例如：

亲爱的同学们，演说的时间就这样悄无声息的度过了120分钟，在这120分钟里面我觉得我是快乐的，我相信大家也是快乐的，这一切的快乐其实都离不开在座所有领导、老师、同学们的支持与配合，所以在演说即将结束之际，袁智在这里想要对在座的各位领导、老师、同学们说一句："谢谢，谢谢你们愿意花120分钟的时间陪我一起度过。"同时，我们演说活动的顺利开展也少不了主办方精心的筹划与准备，所以我们大家响起热烈的掌声，感谢此次活动的主办方与幕后默默付出的工作人员，谢谢你们。最后，祝福现场的每一位同胞，身体健康、阖家幸福、万事如意！谢谢。

3. 呼吁式结尾

呼吁式结尾是指演说者对听众发出倡议和提出希望的一种结尾方式。这种结尾方式是演说者根据演说内容的一种延伸，最后进行升华，以慷慨激昂、扣人心弦的语言，对听众的理智和情感进行呼唤、提出希望、发出号召或展示未来，以激起听众情感波涛，使听众产生一种蓬勃向上的力量。例如：

亲爱的同学们，今天的演说逐渐接近了尾声，在演说即将结束之前，我想再次确认一下，你们真的想成为一名优秀的演说家吗？

如果你真的想成为一名优秀的演说家，那我希望你们按照我今天所讲的内容去训练，同时还希望大家做到以下三点。

第一，"行为积极主动"，只要有上台的机会，就一定要冲在最前面，即使丢脸也无所谓，因为丢脸越多，成长越快，同意吗？

第二，“心态阳光乐观”，积极乐观心态一定可以成就一个积极的自己，所以无论遇到任何挫折都希望你能微笑面对，同时大声的告诉自己“哇塞，太棒了”！

第三，“熟能生巧、勤能补拙”，在以后的练习过程中，要敢于不断地重复、不断地练习，只有长期的训练才能达到“训练百遍奇迹自现”。

同学们，可以做到吗？可以做到的同学请把右手借给我，大声地说：“YES！”谢谢，今天的演说到此结束，同学们再会。

4. 回顾总结式结尾

回顾总结式结尾是指演说者在演说结束的时候用极其精炼简洁、扼要的话语对自己演说中讲到的重点、要点、内容和思想观点进行回顾，并作一个高度概括性的总结，促使起到突出中心、强化主题、首尾呼应、画龙点睛的作用，同时让听众再一次加深对演说内容的印象并引起重视。例如：

亲爱的同学们，我今天的分享到这里很快就要结束了，在我演说结束之前，让我们大家再一次回顾和重温一下今天的演说内容，希望大家在以后的学习和生活中把我们所讲到的能理论联系实际，在演说口才方面能更上一层楼。

今天我们讲到了提升演说口才的方法主要有五个，第一个方法是什么呢？大家还记得吗？是的，第一个方法是敢于突破、敢于上台；第二个方法是拥有积极乐观的心态；第三个方法是不断的练习；第四个方法是模仿和借鉴优秀演说家的风格；第五个方法是每天坚持一个小时，持之以恒。好的，我相信只要我们大家能做到以上五点，大家的演说口才水平就一定会越来越好，一定会更上一个台阶。好啦，同学们，今天的演说到此结束，再会！

5. 引用名人名言式结尾

引用名人名言式结尾的好处不仅可以增强演说的文采美，让听众听了之后会产生清新、优美的感觉；让演说显得更具有权威性、说服力；还能彰显出演说者学识丰富、魅力典雅的形象。名人名言一般包括名言、格言、警句等。例如：

亲爱的同学们，我今天的演说到这里就快要结束了，在演说正式结束之前，我想引用19世纪英国现实主义文学代表作家查尔斯·狄更斯的一段话来结束今天的演说。

查尔斯·狄更斯曾经说过："毅力是攀登智慧高峰的手杖；毅力是漂越苦海的舟楫，毅力是理想的春雨催出的鲜花，毅力是可以征服世界上任何一座高峰的法宝！"所以亲爱的同学们，如果你真心想要成为一名出色的演说家，那么请你在不断练习的同时，一定要运用你坚强的毅力，它可以推动你不断地前进，可以扶持你度过一切的困难，可以让你最终达到你想达到的彼岸。记住"毅力可以让你征服世界上任何一座你想征服的高峰"。同学们，再见。

6. 幽默式结尾

幽默式结尾属于别出心裁且极具喜剧性的一种结尾方式。这种结尾方式不仅可以呼应主题，还可给演说打造一种欢乐的氛围，使演说更富有趣味，给听众留下一个愉快的印象；让听众在美的享受和回味中带着愉快的心情离开会场。例如鲁迅先生曾在上海中华艺术大学演说时运用了幽默式的结尾。例如：

各位同胞，刚才我所讲到的几点是我近年来对于美术界观察所得的几点意见。同时，今天我还带来一幅中国五千年文化结晶的作品，想请大家欣赏欣赏。说时一手伸进长袍，把一卷纸徐徐从衣襟上方伸出，打开看时，原来是一幅病态十足的月份牌，引得哄堂大笑。在笑声和掌声中结束了他的演说。

例如各位同学，我记得在今天开场的时候我已经告诉过大家，我们今天只分享五个问题，现在已经分享完了前面四个，不知道大家是否对我之前分享过的四个问题还记忆犹新。大家告诉我第一个问题是什么呢？嗯，是的，第一个问题是……第二个问题是……第三个……第四个……OK，非常不错，看来大家早已熟记于心，那么第五个问题是什么呢？那第五个问题就是“散会，今天演说到此结束”。

演说者在运用幽默结束演说时，要做到自然、真实，使幽默的动作或语言符合演说内容和自己的个性，绝不要矫揉造作、装腔作势，否则会引起听者的反感。

7. 祝福式结尾

祝福式结尾是指演说者在临近结束演说的时候，以诚挚的话语对现场听众进行赞颂和祝福，从而以这样的方式宣布演说的结束。祝福式结尾是一种非常常见的结尾方式，诚挚的赞颂和祝福本身就充满着满满的情感能量，这非常容易触碰到听众内心的情感，让演说者与听众间可以快速产生和谐共鸣，建立更为和谐的关系，从而可以活跃现场气氛，甚至还可以再次燃起一轮新的互动高潮。例如：

同学们，在演说即将结束之际，我想对现场的每一位同胞送上诚挚的祝福，祝福在座的领导、来宾、老师们工作顺利、身体健康、万事如意；祝福我们的同学们学业有成、天天向上、前程似锦；祝福我们的学校年年桃李、岁岁芬芳、再创辉煌。谢谢。今天的演说到此结束，散会。

二、灵活模式

灵活模式是指演说者根据自己演说的主题、风格、时间、地点、听众及自己的个性等因素，设计出一种打破常规但比较适合自己演说风格的结尾方式。演说中结尾的方式其实可变性较大，相对而言并没有一个一成不变的特殊格式，所以演说者完全可以设计多种多样的结尾方式，但前提是设计出来的方式需要能行之有效的为自己演说的思想和目的服务。一般比较常见的灵活模式有以下几种。

1. 歌唱式互动结尾

歌唱式互动结尾是指演说快要结束的时候，演说者以歌声作为媒介来结束当时的演说（歌声可以是演说者自己唱，也可以是和听众一起唱），最终目的是让听众在愉悦的心情中、美妙的歌声里结束当时的演说。例如：

各位，今天演说已经讲到了尾声，我想问问大家一个问题。如果有一个机会，可以让你站起来的机会，你愿不愿意为咱们繁荣的祖国，为咱们强盛的民族，为咱们爱国的同胞，站起来一起把，你愿意吗？愿意的人在哪里啊？同时，我希望你把你右边人的那只手牵起来，再把你左边人那只手牵起来，此时此刻你牵到的是一双同胞的手，是一双中国人的手，我希望我们拉着彼此的手一起为我们祖国、为我们的同胞唱一首中国人的歌，名字叫"我的中国心"好不好？我希望你记住中华民族是一个伟大的民族，我们的共产党是一个伟大的党，他会带着我们去创造属于我们这一代人的奇迹，大家说是吗？那就拿出你的歌声，拿出你的音量，让全世界的人都听到咱们中国人的声音（歌曲播放……）；中国世界第一，中国万岁，发出胜利的欢呼声！谢谢。

2. 无声语言式结尾

无声语言式结尾也称为肢体动作式结尾，这样的结尾方式是指演说者完全借助肢体动作作为演说结束的标志，是一种具有独特风格的方式。例如：

一位演说者在结束自己的演说时，并没有告知下面的听众他的演说已经结束；而是在舞台上不慌不忙地穿上外套，戴好帽子，拿起手套，尔后诙谐地对着听众说道："我已结束了自己的演说，你们呢？"他出人意料的行为立刻博得了全场听众的掌声。

3. 舞蹈式互动结尾

舞蹈式互动结尾是指在演说即将结束的时候，演说者自己或者与现场听众互动跳起了现代或者传统的舞蹈，当掀起听众情绪高潮之后突然宣布演说结束的一种结尾方式。此种结尾方式呈现出来的是一种耳目一新、别具一格、让听众眼前一亮的感觉，属于创意型结尾，一般在大型的典礼、晚会演说中比较常见。例如：

美国一档综艺节目《American Idol》中的著名脱口秀主持人 Ellen DeGeneres 于 2009 年在位于美国南部路易斯安那州（Louisiana）新奥尔良市（New Orleans）的一所著名的综合性大学——杜兰大学（Tulane University）演说时，结尾就是运用的舞蹈式互动结尾的方式。脱口秀主持人 Ellen 于 2009 年杜兰大学毕业典礼演说结尾译文：

最后的最后，总结一下我的发言，我猜，我所想说的是："人生就像是度过一场巨大的狂欢节一样，但是在这个狂欢节上面，你要记住你需要展示的不是你的胸部，而是你的脑部……"

好了，纯洁的、优秀的 2009 届毕业生们，祝福的话语我也已经说过了，祝贺你们顺利成功的毕业。如果你现在已经完全不记得我今天说了些什么，那么请记住这句："you're going to be OK, dum de dum dum dum, just dance!"（音乐起 Ellen DeGeneres's Show 开始，音乐结束时宣布演说结束）

第三章

演说魅力之舞台展示技巧

第一节　演说魅力之肢体语言的重要性

美国洛杉矶大学著名教授亚伯特·米瑞比恩曾经调查研究得出结论:人体感官信息的接收,受到了人体中视觉、听觉、语言三部分的影响,其中在信息的传递接受过程中视觉占到了55%,听觉38%,语言7%。从数据中可以看出,在人际信息沟通的过程中,无声语言的信息传递会远远大于有声语言。

无声语言可以理解为无声静态语言或无声肢体语言。无声肢体语言的运用看似微不足道,但在实战演说过程中运用极为广泛,它具有不可取代的重要地位。

肢体语言作为一种无声语言,是通过身体各种动作、举止、神态传递相应的信息,借以表达情感;它特有的有形性、可视性和直接性,对于演说效果而言,具有不可低估的特殊价值。比如演说者在台上的一颦一笑、举手投足、神情面貌、一个点头的赞许、一个肯定的手势,这些都属于一种无声的语言,它对有声语言起着铺垫、强调、辅助等很多作用,甚至会起到此时无声胜有声的效果。

演说者在演说中完全暴露在众目睽睽之下,如果光有激情四射的有声语言,忽略了肢体动作的配合,那这样的演说注定将会留下很大瑕疵;所以演说者如果想要打造一场震惊四座,既要具有听觉的震撼,也要拥有视觉的冲击,那么演说者在演说中所要呈现出来的就不仅仅是有声的声音,还要有我们的眼神、表情、手势动作、身体姿势……一系列的肢体动作。

众多优秀的演说者为了能增强演说视觉冲击力与听觉的震撼

效果,增强舞台表现力与自己的演说魅力,肢体语言都将是他们必不可少使用的工具。

二战时期纳粹头目阿道夫·希特勒,他除了是出名传记作家、政治家、战略家,还是一名非常出色的演说家。他出色的公众演说,影响了整个德国、整个纳粹……从他出色演说中可以看到,阿道夫·希特勒的演说,言辞非常激昂、韵律跌宕起伏、他的演说肢体动作运用得非常娴熟自然、掷地有声,他的眼神充满着能量、他的步伐是那样的沉稳;他演说语言与肢体动作二者的完美结合,彰显出了他超强演说的魅力、影响力与强大震撼视听效果。

美国第44任总统贝拉克·侯赛因·奥巴马,他是美国历史上第一位非裔美国总统。他不仅是一名政治家,也是一名出色的演说家,在众多视频中可以看到,奥巴马的演说能给大众带来视觉与听觉上的冲击;他的演说诙谐幽默、节奏急缓有致;他的肢体动作挥洒自如、看似简单却寓意深厚;他时而变化的表情、坚定有力的眼神、一切肢体动作与语言的配合显得那么自然具有魅力。

英国喜剧演员查尔斯·斯宾赛·卓别林、罗温·艾金森(憨豆先生)都充分运用丰富肢体动作,多变的面部表情,用那无声的语言征服了荧屏前的观众且留下深刻印象。

演说中,舞台魅力与自身魅力的展现,一定少不了演说者肢体语言的默契配合。如果把演说者比喻成为一座巍峨高大静止的山峰,那么演说者的肢体动作就像是流经大山的清泉,静态与动态的完美结合,彰显出了大山的灵性与美。演说者如果想让自己的演说更具说服力、震撼力、视听更具冲击力和观赏性,那么良好的肢体语言运用就显得非常的重要了。在本章节中我们将分享到更多有利演说者增添舞台魅力和彰显自身魅力的技巧。

肢体语言小测验　切身感受肢体语言的作用。以两个人为一组，一个为 A、一个为 B；A 按照以下指示向 B 传递信息。

A：只能用肢体动作告诉对方你想表达的意思。

B：猜测 A 想表达的意思。

演说测试，亲身体会肢体语言在演说中发挥的作用。

练习 1　练习演说《为自由而战》，演说时不加任何动作。

练习 2　练习演说《为自由而战》，演说时可以配合肢体动作。

通过练习，认真感受肢体语言的运用在实际演说中的重要性。

《为自由而战》

阿道夫 · 希特勒

今天，我们站在这里！站在德国人的土地上！站在柏林，这块我们祖先用鲜血和尊严浇灌的土地上！我的面前，站着的是一个民族，一个在屈辱中呻吟的民族！那场战争结束之后，我们这个民族的骄傲就没有了！那些战胜者们骑在我们的脖子上作威作福，他们随意践踏我们的尊严，一个欧洲大陆上最高贵民族的尊严！你们告诉我，你们是选择做一个向往自由的自由的斗士，还是一个奴隶？

你们或许要说："希特勒先生，我需要一个工作，一块面包"。是的，你的说法很对，生命实在是太重要了，但是我要告诉你们，这世界上还有一种东西比生命更重要，那是自由！那就是尊严！

只要柏林上空一日飘扬着法国的国旗，我们的尊严就不存在！只要那些法国人、英国人在我们的国土上横行霸道，我们的尊严就不存在！只要在欧洲的版图上，这个叫德国的国家四分五裂软弱不堪。我们的尊严就不存在！只要其他国家的人，在聊天的时候说到德国这个字眼的时候会发出一声轻蔑的笑声，我们的尊严就不存在！

我们需要的，不是一块面包，而是一个生存空间，一个民族的生存空间！这生存空间，不是靠乞求和抗议来实现的，而是靠铁和血来实现的！

别人欺辱我们，哪怕是最弱小的民族也来践踏我们，我们只会叫着："我们表示强烈的愤慨和抗议"，这样的人，是没有骨头的！这样的人，是低贱的！我们应该用大炮炸出震耳欲聋的声音让敌人颤抖！我们应该碾压他们的尊严、生命，让他们知道我们不是一群只知道抗议的懦夫！

你们要记住，一个只懂得抗议的国家，是一个没有骨头的国家！一个只懂得抗议的政府，是一个没有骨头的政府！当我们地尊严、领土、生存空间都遭受践踏的时候，还不知羞耻地抗议地政府，我们是不需要的！你们最后也会抛弃它们的！

我很骄傲，在你们这些人中。没有骨头的人，少之又少！我的面前，是一个留着千年不屈血液的军团！这血液，曾经在我们祖先的血管里面流淌过，他们没有屈服过！现在，它们在我们的身体里面汩汩奔涌，你们告诉我，你们愿意它冷却吗？

能够团结人们的有两件东西：共同的理想和共同的犯罪。我们有雕刻在德意志旗帜上面的伟大理想，我们会为这理想流尽我们的最后一滴血！在今天的柏林，没有任何东西能够拯救我们的祖国，只有这理想！凡尔赛条约，是一个极大的耻辱！我们有拒绝执行它的决心和理由！假如你们期望战斗，那就去战斗吧！然后我就能够看到你们是 7000 万奴隶还是 7000 万坚贞不屈的日耳曼人！

如果有那么一天，我阿道夫·希特勒，也会举着属于我们德意志的大旗冲在最前方！哪怕是战死，我也会微笑着进入天堂！我会见到那些德意志的荣耀的祖先们，我可以昂着头颅走到伟大的腓特烈大帝跟前，我可以骄傲地对他说："我，你的子孙，没有给你丢脸，我为伟大的德意志流尽了最后一滴血！"

我们为自由而战！我们不是机器，不是牛马，我们是人！是从来没有屈服过的日耳曼人！

我们以自由的名义团结起来！为一个新的、公平的世界而战！我们为人人有工作而战！为那些奴役我们的人滚出德国人的土地而战！为我们不需要整天喊着抗议而战！为我们的尊严而战！为我们的诺言而战！为解放这个国家而战！日耳曼人，我们为我们的祖先的荣耀而战！为我们的子孙后代能够骄傲地宣传：我们是从来不屈服的日耳曼人而战！

我的同胞们，德国和德国人民万岁！自由，万岁！

第二节　演说魅力之眼神运用技巧

"如果把眼睛比喻成为心灵的窗户，那么眼神则是心灵窗户折射出来的一缕阳光，透过阳光则可以看到心灵的内心世界。"晚清名臣曾国藩著《冰鉴》一书中提到："识人眼神便可辨出忠奸贤愚"，由此可见透过眼神则可以观其人、识其人、了解人。

演说中信息的传递、情感的表达，不仅仅需要依托有声语言的表达，还需无声语言——眼神给予相应的配合。眼神的运用在演说中非常的实用，它不仅可以传达演说的信息与演说者的情感，它还可以透过眼神了解到听众心理活动的信息与情感。听众眼神中流露出的信息，将会成为演说者调整自己演说的语速、演说风格、演说表情、演说内容的真实依据。

一个友善的眼神，可以传递内心的亲切；

一个愤怒的眼神，可以传递内心的仇恨；

一个坚定的眼神，可以传递内心的信念；

一个自信的眼神，可以传递内心的能量；

一个诚挚的眼神，可以传递内心的真诚；

一个蔑视的眼神，可以传递内心的不屑；

一个恐惧的眼神，可以传递内心的惧怕；

一个嫉妒的眼神，可以传递内心的羡慕；

一个乞求的眼神，可以传递内心的哀求；

一个赞赏的眼神，可以传递内心的认可与鼓励；

一个绝望的眼神，可以传递内心希望的破灭……

演说中一个眼神就可以传递一种信息，一个眼神就可以传递一种情感；情绪的传递、感情的表达、情感的共鸣，都离不开眼神的运用。那么，如何才能将眼神的运用发挥得淋漓尽致，起到事半功倍的效果，那就需要使用以下技巧。

一、眼神交流时间

演说中演说者与听众之间眼神交流时间过短，会显得演说者浮躁、不真诚、不可信；眼神交流时间过长，彼此间会显得一些尴尬或充满敌意；眼神交流根本没有，会显得无礼、不尊重对方。

演说中眼神交流的时间可以按照“六四原则”进行划分。比如与某一个听众进行交流对话时，如果交流时间为一分钟，那么把这一分钟分为六等份，其中就有 4/6 的时间是需要与对方进行眼神的交流的（以此类推）。（一对一互动时常用）

二、眼神三角区

1. 长距离注视区是指演说者与听众在进行眼神互动时，眼神观看的部位为两眼底部和额头上部顶端之间连接形成的三角区域。演说者与听众间的距离在一米以上时可以使用。

2. 近距离注视区是指演说者与听众在进行眼神互动时，眼神观看的部位为眼睛和鼻尖组成的三角区域。演说者与听众间的距离在 0.5～1 米间可以使用。

3. 直视注视区是指演说者与听众在进行面对面互动时，眼神与眼神直视。

三、眼神互动

1. 正视

正视是指眼神与眼神之间的直视。演说者走上舞台与主持人会面时可用；演说中与近距离听众互动时可用；与台上听众进行互动时可用。方法：目光直视且有神、眼神温和，营造出一种自信与亲切的感觉。

2. 环视

环视是指眼神从一个方向向另外一个方向缓慢滑动环视。演说者走上舞台立定站好后，与听众互动、招呼时可用；演说过程中，需要得到全场回应时可用;需要调动全场氛围时可用。方法:目光充满活力、营造一种活泼、开朗、蓬勃向上的感觉,从左边看到右边、从前面看到后面,环视全场观众、头转动幅度不要太大、眼珠转动速度不能太快。

3. 侧视

侧视分为左侧视与右侧视,当需要提醒、警示某人的时候可用。

4. 点视

与观众互动、谈话时可用;提醒、警示、重视某人时可用。方法:眼睛配合眼神直视对方眼睛。

5. 虚视

情绪紧张、不自信、需要调节情绪时可用。方法:直视前方,但是注视的重点是看听众间隔的空隙或者桌椅等。

6. 闭目

煽情催泪时可用,闭目会容易进入状态,容易引起共鸣。

7. 仰视

与观众互动,表示赞同和认可时可用。

8. 俯视

遇到捣乱,为排除争议、控制对方情绪时可用。

四、眼神处理

1. 眼神遇冷

演说中难免会遇到不怀好意的眼神,此时应转移视线,找寻善意温柔的眼神。

2. 眼神投向

演说中为巩固自身信心，所以应该寻找并投向听众中时常点头，以示首肯的眼神。

3. 眼神聚神

遇到观众情绪冷淡、氛围低沉时可用正视与点视。眼神要做到眼到、手到、心到面部表情自然并流露自信、精神、坦诚的神情。

4. 眼神回馈

遇到听众出现疑惑眼神时，演说者应予以解惑。

5. 眼神状态

演说者从始至终的眼神应是自信、精神、友善。

五、眼神练习

1. 眼神信息与情感的传达主要依靠眼球的转动速度，所以在传递信息时，一定要控制好自己眼球的转动速度。

2. 对照镜子练习诚恳、狡猾、邪恶、愤怒、坚定、消极、自信、诚挚、蔑视、恐惧、赞赏、绝望、友善的眼神。

第三节　演说魅力之手势运用技巧

手势属于无声肢体语言中重要的组成部分之一，它通过手指、手掌、拳头的形态多变，创造出幅度大小不一的优美动作，从而传递出丰富多彩的信息与思想情感。

演说中手势的运用非常广泛且占据非常重要的位置，它特有灵活与张弛有度的形态，能极好的辅助有声语言的情感传递；手势不仅可以让演说变得更加生动、更加具有吸引力、感染力，而且还可以持续增强舞台视觉冲击力，给观众营造一种视觉上的直观印象；同时还可以不断提升演说者个人魅力，把演说者的优雅体态、自信积极、乐观大方……展现得淋漓尽致，为演说者塑造一个良好的正面形象。

一、手势运用技巧之手势形态变化

演说中手势的形态变化相对较多，但根据手势的动作变化大致可分为手指手势、手掌手势、拳手势三类。

手指手势：顾名思义就是运用手指的变化而做出的手势。手指手势在演说中运用比较常见，它几乎不带感情色彩，一般只是起到直接表意作用。比如竖起大拇指表示赞赏、崇拜、尊敬、鼓励；竖起食指表示指示方向、事物、人、强调或表示数字；五指竖起表示数字。

手掌手势：指双手或单手的十指或五指自然伸直，做出向前、向后、向上、向下、向内的相应动作变化。在变化的过程中，双手掌心向上，表示欢迎、赞美、邀请、请求的意思；双手掌心向下：表示压制、反对、否认、制止的意思；双手掌心向内合拢，表示亲密、激动、团结、希望的意思；双手掌心向外分开，表示无可奈何、失望、消极的意思；双手掌心向前推，表示拒绝、抗议的意思；单掌向前挥动，表示友好、打招呼的意思。手掌手势在演说中会出现双手与单手的交叉使用，不过单手手势在演说中比较常见；至于演说中是否需要使用双手就要根据演说者实际情绪、会场情况、演说内容来决定了。

拳手势：指五指弯曲并拢成拳，并做出向前冲、向下拉、挥拳等手势动作。拳手势在情绪异常激动时使用，比如愤怒、决心、警告、鼓励、团结。

二、手势运用技巧之手势运用空间

演说者除了解手势变化的运用外，还应该了解手势在不同区域所表示的不同意思，这样更有助于演说者精确的使用手势语言。演说中手势运用的范围大致可以分为三个区域。

1. 肩部以上区

这个区域被称为情绪高涨区。演说者如果想表达一种喜悦、愤怒、祝愿、希望等情绪时，手势一般可以在这个区域活动。

2. 肩部至腹部区

这个区域被称为情绪平缓区。手势在这个区域活动，一般表示演说者情绪平缓、心情平静。

3. 腹部以下区

这个区域被称为情绪消极区。演说中演说者的手势在这个区域使用的情况较为少见。这个区域活动的手势，一般表示憎恨、鄙视、看不起、不尊重等意思。

三、手势运用技巧之手势运用原则

1. 动作自然流畅、协调有致，切忌生搬硬套，即手势动作看上去轻松、自然、不做作。

2. 动作表情达意、相得益彰、忌与内容脱节，即话语内容与手势动作配合一致，符合语言与动作结合的原则。

3. 动作精简明了，切忌复杂泛滥，即手势动作的表达能让人看懂、看清你所要表达的含义，同时尽量不要重复。

4. 动作形态多变，依情相生，即动作的变化根据情感和表达信息产生变化。

5. 动作张弛有度、神情合一，即动作幅度大小适中且手势与面部表情和谐统一。

四、手势运用技巧之实战手势运用练习

每一个演说者都应该有属于自己的演说风格与演说手势，手势动作可以夸张也可以矜持，不过最主要还是要找到自己特有的演说手势。

根据众多名师和演说家的演说风格中可以看到，演说中往往简单的手势，其实是最经久不衰、最经典且运用最频繁的。演说中最常见的六大手势。

1. 演说手势之一阳指

一阳指指食指伸直，其余四指弯曲握拳。这个手势，被众多名师大家经常运用，使用频率非常高。手势使用：对具体或虚拟数字、人物、事物、方向的指示或对观点肯定时使用。例如“今天我们就讲一个主题”。

2. 演说手势之二指禅

二指禅指单手食指和中指伸直，其余三指弯曲握拳或大拇指

和食指伸直并合拢,其余三指弯曲握拳。手势使用:对具体事物的虚拟描述、带有夸张色彩时使用。例如“如果再努力一点点,就可以考上研究生了”。

3. 演说手势之龙抓手

龙爪手指单手五指伸直呈弯曲状,手心的方向可以向上,也可向下,也可以向前。手势使用:手势属于模拟型手势,带有一定的夸张色彩,描述形状物时,追求神似,不求形似;对于描述信息含量大,感情需要升华时可以使用。例如“如果把所有重点都集中在一起的话就可以凝聚成一股力量”。

4. 演说手势之如来神掌

如来神掌指单手五指伸直合拢自然弯曲,手心的方向向前。手势使用:单手齐头或高过头顶挥动,表示兴奋、致意。例如“亲爱的各位听众,大家好”!

5. 演说手势之泰山压顶

泰山压顶指双手或单手五指伸直合拢自然弯曲,手心方向向前、向上、向下、相对、向内。手心向前:表示推动、拒绝等;例如让我们一起推动历史的车轮前进。手心向下:表示提醒、抑制听众情绪、进而达到控场;例如“各位,请坐”。手心向上:表示欢迎、起立、无可奈何;例如“这样的事情,我也无能为力”。手心相对:表示描述、指示、说明,描述物体求神似,不求形似;例如“把损失减低到最小”。手心向内:表示指示;例如“作为华夏儿女的我们……”

6. 演说手势之藏龙出洞

藏龙出洞指单手或双手握拳平行额头或者高过头顶进行有节奏的挥动。握拳与额头平行:表示示威、报复、情绪激烈;例如“打倒一切反动派!”握拳高举过肩下拉挥动、直锤、斜击:表示愤怒、呐喊、力量等;例如“这样的事情,我们绝不能容忍”。

五、手势运用技巧之注意事项

1. 演说时不要将双手或单手插在口袋或裤袋里。
2. 演说中手指手势中的食指不可以指人。
3. 演说中双手不能抱拳放于胸前,也不能双手置于身后。
4. 演说中双手不能随意触摸眼睛、脑袋或其他身体部位。
5. 演说中手势用完,应自然轻松放回原位。
6. 演说中情绪激烈,动作可以稍作用力。
7. 演说中不可以双手握住话筒。

第四节　演说魅力之微笑运用技巧

微笑在演说中是不可或缺的一种元素,它看似属于一种及其简单的面部表情(双唇轻启、牙齿半露、眉梢上推、脸部肌肉平缓向上向后舒展)却能在演说中发挥极大的作用。

一个自信的微笑,能传递您内心的能量。

一个友善的微笑,能拉近您与听众间的距离。

一个赞赏的微笑,能让人感受到您鼓舞的力量。

一个真诚的微笑,能让人感受到您内心的真实。

一个灿烂的微笑,能让人感受到您阳光般的温暖。

一个谦恭的微笑,能让人感受到您自身的修为与儒雅。

演说中出现笑的种类相对繁多且使用也有一定的讲究。

“含笑”是指演说者笑不出声、不露齿，只是面带笑意，笑得比较腼腆、害羞；当在与听众进行互动时、对观众所回答的答案表示默认同意时使用。

“微笑”：是指演说者唇部向上移动，略呈弧形，上齿不露，笑得比较自然；表示愉悦、赞赏、真诚、友好等；演说者在整场演说中几乎都可以使用。

“轻笑”：是指演说者嘴巴微微张开，显露上齿不发出声响；表示欣喜；演说者登台时长距离与听众互动、问候时使用。

“浅笑”：俗称抿嘴笑，是指演说者下唇大多被含于牙齿之中，表示害羞；演说者在演说中需要达到某种演说效果时可以使用。

从以上几种笑的类型中可以看出微笑的使用频率相对较高，几乎可以贯穿于演说始末，微笑的运用不仅可以让演说者在演说中看起来更友善、更具亲和力、更自信、更有礼貌、更有涵养，而且还可以让演说者变得更亮丽、更帅气、更有个人魅力。

一、微笑练习

平常的演说中，众多演说者的面容从头至尾几乎都是眉头紧锁，一副严肃的表情，偶尔嘴角上扬，露出的一丝微笑都让人觉得有一些“牵强”；偶尔的抿嘴一笑，显得那么的拘谨、不够大方、不够自信。演说者之所以会出现这样情况，很多时候都是受制于不知道微笑在演说中的作用与如何才能做出具有魅力的微笑所导致的。

1. 用嘴发出“yi”的读音

练习要领：面对镜子时嘴里发音“yi”，用力抬高嘴角两端，使用双颊肌肉用力向上抬起,下唇嘴型保持自然。

2. 嘴型与眼神同行

眼睛是心灵的窗户,眼神则是心灵折射出来的阳光。微笑时需要眼神与嘴型相得益彰。练习要领:面对镜子,用遮挡物遮住眼睛以下的部分,然后心里想着开心的事情;双颊肌肉上拉,嘴里发音“yi”,此时的微笑,会显得脸部肌肉放松,嘴唇弯曲自然,且目光流露出愉快的神情,这样的微笑比较亲切、传神、具有魅力。

3. 微笑与语言同行

结合以上两个步骤,发音与微笑练习“您好、真的非常高兴能见到您!”

二、微笑原则

1. 声情并茂,眼神、微笑二者同步。
2. 自然大方,发自内心、优雅和谐。
3. 对待领导,运用恭敬、谦虚的微笑。
4. 对待听众,运用自信、赞赏的微笑。
5. 对待小孩,运用愉悦、友善的微笑。
6. 对待女性,运用尊重、友善的微笑。
7. 对待长辈,运用尊敬、谦卑的微笑。
8. 对待同辈,运用真诚、热情的微笑。

三、微笑运用

1. 情绪紧张时应予微笑。
2. 遭遇尴尬时应予微笑。

3. 与听众眼神互动应予微笑。

4. 遭遇无理取闹时应予微笑。

5. 现场回答听众提问时应予微笑。

6. 走上讲台与主持人会面应予微笑。

7. 站定舞台环视会场四周应予微笑。

四、微笑禁忌

1. 假笑,即皮笑肉不笑。

2. 狞笑,即面露恶相的笑。

3. 窃笑,即用手捂着嘴偷偷地笑。

4. 怯笑,即害羞、怯场,不敢眼神交流的笑。

5. 媚笑,即虚伪非发自内心,功利性很强的笑。

6. 冷笑,即讽刺、不满、瞧不起……容易让人不愉快的笑。

第五节 演说魅力之站姿运用技巧

前面几节已经讲过肢体语言中的眼神、微笑、手势的运用技巧,在这一节中讲到的是肢体语言中的站姿运用技巧。站姿在演说中的作用也非常强大,它不仅可以体现出演说者的精神面貌,而且还可以呈现出演说者在舞台上的整体综合形象。我国著名演说家曲啸曾在介绍演说经验时说过:“演说者体态、举止、表情应以一种协调美呈现在听众面前,如果想从语言、气质、神态、感情、体态等方面充分地展现出演说者的魅力,也只有在站立的情况下才有可能。”所以演说者如果想给听众呈现出一个精神饱满、气宇轩昂、玉树临风、风流倜傥、英俊潇洒、风度翩翩……的完美形象，那就需掌握演说中站姿的运用技巧与注意事项。

一、演说站姿分类

1. 自然式是指演说者两脚自然平行分开，两脚分开的间距约窄于肩宽；间距如果大于肩宽则会显得呆板无神，间距如果过分小于肩宽则显得拘谨不自信，所以两脚间距约窄于双肩则可。自然式站姿运用广泛，男女演说者都可以使用。

2. V 字式是指演说者在站立时双脚后跟尽量靠拢，双膝靠拢，脚掌分开成 V 字形。V 字式站姿相对而言适用于女性演说者。

3. 丁字式是指演说者在站立时左脚站直正对前方，右脚向右前方呈 45°倾斜，右足弓处靠拢左脚后跟，右腿的膝盖向前腿靠拢。丁字式站姿适用于女性演说者。

4. 稍息式是指演说者在站立时左脚自然站直，右脚往前迈出占据一步间距 1/3 的距离，两脚之间形成 70° ~80°夹角。演说者身体重心可以落在左脚也可落在右脚，在演说的时候，身体重心可互换于两脚之间从而进行缓解双脚的疲乏，让身体得到适当的放松。这种姿势主要运用于在长时间的演说之中，男女演说者都可以运用，同时演说者需要适当缓解紧张情绪和与听众间进行有效互动时也可以使用。

二、演说站姿训练

演说中常见自然站姿应是头为正、两眼平视前方、表情自然略带微笑;两肩打开、平正、放松;两臂自然下垂、手肘自然弯曲、双手贴近至肚脐眼处、双手重叠合拢;挺胸收腹腰正、两腿立直站稳、两脚间距略窄于肩宽呈自然式站立。

1. 五点靠墙训练法是指演说者的头部、肩部、臀部、小腿、脚跟与墙壁紧贴站立。此种方法训练的目的是让演说者整个身体形成矗立挺拔、精神饱满的一种状态。

2. 头顶书籍训练法是指演说者站立好之后,位于头顶处放置一本书籍,同时慢步行走,努力保持书在头上的稳定性;演说者行走训练时的速度可以根据自身情况调节行走速度,速度可以由慢到快,由快至慢的交替进行;此种训练方式主要练习演说者头部及眼神、表情在演说时的控制及配合能力。

3. 视觉练习训练法是指演说者面对镜子时身体呈自然式姿势站立,站立之后结合手势语言、面部表情做出一系列优美动作和优雅的站姿,此种方式的训练可以起到一种直观的效果,可以让演说者及时对自己的动作或站姿起到纠正;同时演说者还可以借助录像设备录制自己的练习过程,通过视频也可以及时纠正自身出现的一些问题。以上方法的使用可以是每天运用 10 ~ 15 分钟进行练习。

三、演说站姿注意事项

1. 站姿稳健是指演说者在站立时身体尽可能做到挺拔站如松的状态,不能因为演说时的紧张或平时养成的不良习惯而左摇右晃。

2. 站姿自信是指演说者在站立时双肩自然打开,不能斜肩、驼背，也不能双手交叉与胸前。

3. 站姿自然是指演说者在站立时的站姿应与手势配合，尽量要做到站姿与手势的协调自然，应呈现一种自然协调美。比如站立时双手可以自然下垂放于身体两侧也可以两手重叠合拢置于肚脐眼的位置处。

4. 站姿有度是指演说者在站立时不能长期处于一个姿势站立不动，同时也不能频繁快速无节制的走动，即使走动也需要尽量做到行走的步伐稳健有力。

四、演说站姿禁忌

1. 演说时站姿出现弯腰含胸。

2. 演说时两腿站立处于交叉重叠状。

3. 演说时身体站姿出现依靠物体斜靠站着。

4. 演说时双肩出现一个肩高、一个肩低的倾斜站姿。

5. 演说时身体站姿出现不停的左右摇摆、扭捏转动。

6. 演说时两脚站立的间距过分大于双肩或过分靠紧站立。

第六节　演说魅力之服饰运用技巧与舞台注意事项

服饰着装是演说者魅力舞台展示中一个非常重要组成部分之一。服饰穿着打扮得体，不仅可以提升演说者精神面貌、彰显个人气质；而且还可以体现出演说者的个人品位与涵养，从而给听众留下完美、直观的第一印象。英国作家莎士比亚曾说过："一个人的穿着打扮就是他教养、品位、地位的最真实的写照。"所以演说者要想在演说中给观众留下具有饱满精神状态、高贵气质、与众不同的品位、深厚文化涵养的印象，那就应该在服装穿着与搭配方面掌握以下技巧。

一、服饰着装二三原则

1. 二色一律指演说者皮鞋与腰带的颜色应该是一致的，颜色上面一般选用黑色较多，因为显得较为庄重。

2. 三色原则指演说者身上着装颜色不能超出三种（包括外套、衬衫、领带、裤子、鞋子、袜子在内）或者身上着装应在三种颜色之内。这样的色彩控制主要让演说者看上去更精神、干练、更具有气场。

二、服饰着装注意事项

1. 服饰着装应美观大方。演说者服饰应整齐清洁，衣服可以考虑熨烫，不让衣服看上去有折痕，同时保持衣服的干净。

2. 服饰着装应与年龄相符。演说者根据自己的年龄阶段选择与之相符合的衣服，反之服装的款式与年龄相距甚远，进而会弄巧成拙。

3. 服饰着装应与体态协调。演说者需要在选择服装的时候考虑到自己的体型，选择出能彰显自己气质的服装。

4. 服饰着装应与场景相符。演说的场地有可能会是在礼堂、在会议室、在教室、在露天等，演说者应根据演说场地考虑服装的选择。

5. 服饰着装与“三三原则”相符。这里的“三三原则”是指演说者在穿西装的过程中要注意到的三个问题。第一,西装上衣下方的两个口袋不能装东西;第二,西装袖口上的标签一定要去掉;第三,袜子应该与皮鞋颜色一致,白色袜子和尼龙丝袜不能与西装搭配。

6. 服饰着装与职业相符。演说者可以根据自己从事的工作,选用自己的职业装作为演说服饰。

三、舞台注意事项

1. 演说者登台之前,可以根据演说场地的环境条件,选择比较合适的地方先休息等待登台。登台前休息场地大致分为休息室、舞台幕后、舞台两侧;演说会场的第一排座位就坐;演说会场外的入口处休息。演说者在登台前还应事先了解会场地形、路线;整理好自己服装、发型;事先沟通好音响、话筒等事宜。

2. 演说者登台的方式根据演说者与舞台的距离可以选择缓慢奔跑登台,匀速步行登台。如果是缓慢跑步上台,跑的速度不能太快,跑的过程中抬头平视前方、可以在跑的时候挥动右手与观众互动示意;如果选择的是匀速步行上台,在步行中应当注意自己的步伐稳健、自信、敏捷,需要彰显出一种积极向上、优雅且精神饱满的状态。行走的过程中特别忌讳弓背弯腰、委靡不振、步伐迟缓、娇柔做作、扭捏作态。

3. 当演说者登台立定以后,先不要急于马上开口说话,因为此时的观众正在用他们的眼睛打量着演说者全身上下,且他们的情绪还没有完全的平静下来；同时，当演说者登台立定的时候，难免内心会有一些紧张，所以在立定后可用亲切的目光注视或扫视会场3~5秒钟，使自己与听众有了眼神的互动，同时也给自己缓解紧张情绪的时间。

4. 演说者在登台的时候，如果有主持人在舞台与自己交接话筒，那么需要伸出右手与之握手示意，并伸出左手接住话筒。当站定舞台之后，可以面向听众身体微微前倾示意友好，如果是非常正式的演说场合，可以鞠躬表示尊重。当身体再次站定时，等待3~5秒便可开始说话，这样做的目的主要是缓冲演说者紧张情绪和等待观众的掌声平息。

5. 演说者在舞台上演说，不宜一直一个姿势站立不动，为了增添演说的效果和舞台效果，同时也为了能舒缓一下紧张情绪，演说者在演说过程中可以适当的移动步伐，移动距离大致在3~5步距离之间。当演说者突然卡壳，思路打断的时候，可以适当的走动一下，为自己争取思考的时间；同时在步伐移动的时候，移动的速度应该快慢有致、不能大步随意四处乱走。

6. 演说者演说的时候，面部表情不能一直都处于一种比较严肃的状态，可以时而严肃、时而微笑，表情的变化应当与演说内容情感变化而做出一些变化。同时，演说者的眼神应该随时与观众互动，不能盯着地面或者天花板。演说者发型应当保持干净、整洁、头发最好不要遮住额头，发型要与演说者的服装相协调；演说者不易佩戴帽子与夸张的耳环登台。

7. 演说者在演说中手持话筒的情况比较常见，当演说者手持话筒的时候，一般使用拳握，五指握住话筒的开关往下3~5厘米的地方，保证让自己的大母指可以随时控制话筒的开关。话筒与身体的角度一般在70°左右。话筒顶端与演说者嘴巴的距离一般保持3~5厘米之间,也可以根据音响声音大小进而缩短或拉长话筒与嘴的距离。

8. 演说完毕退场时应给予观众鞠躬致意,以示谢意。

第四章

演说魅力之声音表达技巧

第一节　魅力发声之共鸣腔训练

您是否有过当众讲话时心跳加速嘴部肌肉不听使唤？

您是否有过语速稍快舌头就不听使唤，有种被“僵”住的感觉？

您是否有过发言时声音不够圆润、不够悦耳、不够洪亮、不具有穿透性？

活跃在舞台上的演说家，他们的声音为什么总是那么的洪亮、强劲且富有磁性、沁人心脾、入人心扉？

活跃在屏幕一线的电台播音员、电视台主持人，他们的声音为什么总是那么的圆润、悦耳、动听？

活跃在体育赛事解说的评论员，他们的声音为什么总是那么气势恢宏、跌宕起伏，且极富有煽动性？

圆润、悦耳、流畅、跌宕起伏、气势恢宏、极富煽动性、洪亮强劲且富有磁性、沁人心脾、入人心扉的声音。是否是你希望拥有的呢？

作为一名演说者、一个演说家，如果能发出富有磁性、悦耳、动听且极具穿透性的声音，无异于给自己的演说起到锦上添花的作用；这不仅可以让自己的演说成为一场视觉与听觉上的视听盛宴，而且还可以在听众面前增强演说者无穷的个人魅力。

从科学的角度证明每一个人其实都是可以发出富有磁性、穿透力的声音的，因为人体发声都是运用声带，只要掌握并合理运用声带的发声方法，拥有无限魅力的声音其实也会非常的简单。人体中声带本身的振动比较微弱且声音比较小，但人体是如何运用声带微弱的振动，产生了那么响亮动听的声音呢？这就需要讲到人体发声器官中的共鸣腔。曾有研究中发现，好的用声者运用在声带上的力量只占总能量的1/5，而4/5的力却用在了控制发音器官的形状和运动上面，也就是所谓的共鸣腔。假如我们把人体发声比喻成一把木吉他，那么木吉他的箱体就好比是共鸣腔，那么声带就好比是琴弦。如果琴声没有箱体去配合实现共鸣，那么琴弦发出的声音便会很微弱且不好听。所以人体的发声是离不开共鸣腔的，如果想让自己的声音富有磁性、魅力、悦耳、圆润，那就需要去学习人体发音的共鸣腔，并进行正确的练习。

人体发声共鸣器官主要有胸腔（包括喉头以下的气管、支气管和整个肺部，它的作用是让声音听起来比较浑厚、富有磁性）、口腔（包括唇、舌、齿及口腔，它的作用是声音吐字清晰、声音高低间衔接转换）和头腔（包括鼻腔、上颌窦、额窦、蝶窦等，它的作用是让声音听起来比较高亢、尖细）三大共鸣腔体。一般来讲，如果能正确、合理地运用好这三大共鸣腔体，并相互协调与配合好，就非常容易发出圆润、悦耳、丰满、动听的声音。接下来逐一分享三大共鸣腔的练习方法。

一、口腔共鸣

口腔共鸣是指运用舌、齿、唇、脸颊、口腔等相互协调配合产生共鸣。这种共鸣发音方式是最为普遍的。在我们公众表达活动中，如谈话、发言、演说几乎都是使用口腔共鸣，口腔共鸣能让我们轻松地传达出自己想传达的话语信息，且可以发出纯正、清晰、自然、圆润的声音。

口腔共鸣离不开唇、舌、齿、脸颊及口腔的配合，想要使这几个部件达到密切协调与配合，首先需要使用口部操做到对口腔共鸣中各个器官进行训练。口部操对于口腔共鸣发声的训练非常重要。从事播音、主持、配音工作的人员，口部操的训练都是他们必不可少的培训内容。口部操的训练有助于协调唇、齿、舌的和谐统一、磨炼口齿灵敏度、提高唇舌灵活度与力度，使吐字咬字清晰准确，发出干净、明亮、圆润好听的声音。

下面介绍几节比较实用的口部操。

1. 唇的练习

喷：双唇紧闭，堵住气流，突然放开发出 PO 音。注意不要满唇用力，把力量集中在唇的中央 1/3 便可。

咧：将双唇闭紧尽力向前噘起，然后嘴角用力向两边伸展。这就是我们平常所说的咧嘴，反复进行便可，这个练习是听不到声音的。

撇：双唇闭紧撅起来，然后向左歪、向右歪、向上抬、向下压。

绕：双唇闭紧向前噘起，然后向左或向右作 360° 的转圈运动，这样交替进行，这里应该注意到向左转多少圈，那么向右就应该转多少圈。

绕口令配合练习：

白庙外一只白猫，白庙里有一顶白帽。白庙外的白猫看见了白帽，叼着白庙里的白帽跑出了白庙。

2. 舌的练习

伸舌：把口开大、提颧、要感觉鼻孔略微张开一些，然后努力地把舌头往外伸，舌尖越尖越好，伸完了以后，再往回缩，缩到最大的程度，这样反复练习。

刮舌：舌尖抵下齿背，舌体贴住齿背，随着张嘴，用上门齿齿沿刮舌叶、舌面，使舌面能逐渐上挺隆起，然后将舌面后移向上贴住硬腭前部，感觉舌面向头顶上部百会穴的位置立起来。这一练习对于打开后声腔和纠正“尖音”，增加舌面隆起的力量很有效。口腔开口度不好的演说者；舌面音“j、q、x”发音有问题的演说者可以多练习。

捣舌：就像是把一个像枣核一样的物体，竖放在舌面上。比如一个桃核或者一小块糖，两尖、两头正对着前舌，这是竖放，用舌面挺起的动作使它翻转起来，这样反复进行。

弹舌：先把力量集中在舌尖，抵住上齿龈，堵住气流，堵住呼出的气流，然后突然打开爆发出“te”音，反复进行；舌的中重线，前后的中重线要用力，爆发出这个“te”音，越有力越好。

顶舌：闭唇，用舌尖来顶左右的内颊，交替进行，左边一下右边一下，左边一下右边一下，貌似逗小孩儿时嘴里有糖鼓起的形状。

转舌：闭唇，把舌尖伸到口腔前庭，也就是把舌尖伸到齿唇的中间，先向顺时针方向环绕360°，然后再按逆时针方向环绕360°，这样交替练习。

立舌：先把舌头自然平放在下齿槽当中，然后向左向右来回地翻立，它是为了锻炼舌头的力量左右平衡，来回交替进行。这一练习对于演说者改进边音“l”的发音有益。

绕口令配合练习：

谭家谭老汉，挑蛋到蛋摊，卖了半担蛋，挑蛋到炭摊，买了半担炭。老汉往家赶，脚下绊一绊，跌了谭老汉，破了半担蛋，翻了半担炭，脏了新衣衫。

3. 脸颊练习

脸颊的锻炼是提升脸颊肌肉力量，防止发音时咬字含混，字音模糊。

张嘴像打哈欠，然后缩舌；闭嘴时犹如啃苹果，用力做咀嚼动作，就像嚼口香糖一样，用力嚼咬。

诗歌配合练习：

黄河远上白云间，一片孤城万仞山。

羌笛何须怨杨柳，春风不度玉门关。

两个黄鹂鸣翠柳，一行白鹭上青天。

窗含西岭千秋雪，门泊东吴万里船。

床前明月光，疑是地上霜。举头望明月，低头思故乡。

朝辞白帝彩云间，千里江陵一日还。两岸猿声啼不住，轻舟已过万重山。

4. 松下巴练习

手握拳，用指背顶住下巴，空咬东西，不要太用力的进行打牙关练习，张口左右摇摆松动下巴。

绕口令配合练习：

你会炖炖冻豆腐，你来炖我的炖冻豆腐，你不会炖炖冻豆腐，就别胡炖乱炖、炖坏了我的炖冻豆腐。

“口腔共鸣”朗读配合练习：

从前，有一群青蛙组织了一场攀爬比赛，比赛的终点是，一座100米高的铁塔顶端。一大群青蛙围着铁塔看比赛，给它们加油。

比赛开始了，塔下的蛙群们也议论开了：“这太难了！它们肯定到不了塔顶！”“他们绝不可能成功的，塔太高了！”群蛙中没有谁相信这些小小的青蛙会到达塔顶。

听到这些负面的声音，除了那些情绪高涨的几只还在往上爬以外，其他青蛙一只接一只的开始泄气了。

“这太难了！没有谁能爬上顶的！”群蛙不停的喊着。越来越多的青蛙累坏了，退出了比赛。但是有一只却还在不断往上攀爬，越爬越高，一点没有放弃的意思。最后，其他所有的青蛙都退出了比赛，除了一只不断往上攀爬，它费了很大的劲，终于成为唯一一只到达塔顶的胜利者。

比赛结束了，其他所有的青蛙都想知道它是怎么做到的？有一只青蛙跑上前去问胜利者你哪来那么大的力气爬完全程？结果才发现获胜的那只青蛙是个聋子！

故事寓意：永远不要被消极悲观的人影响，不要被他们的负面情绪所误导！他们只会粉碎你内心最美好的梦想与希望！永远保持积极、乐观、正能量！当有人告诉你，你的梦想不可能实现时，你可告诉他：“你说的是你自己不可能，不代表我不可能”。对此要告诉自己：“我一定能！”

二、胸腔共鸣

胸腔共鸣是指通过对气息的控制，将气息吸到腰的周围，让肺部和小腹充满气息，然后在说话的时候腹部与胸腔同时协调配合传声从而产生共鸣。

我们在每天的生活中、工作中都需要不停的讲话、不停地与人沟通；如果可以运用胸腔共鸣发声，不仅可以让自己的声音听起来更加的沉稳、厚重，还可以让声音洪亮、具有穿透力和磁性。胸腔共鸣的使用还可以避免因长时间说话导致的嗓子发痒、咳嗽、沙哑、失声等。

如何才能掌握胸腔共鸣，让长时间的说话变得轻松自如？怎样才能让说话的声音更浑厚、更具有磁性？那就需要懂得如何控制气息。“气乃音之帅”，声音是由气而生，要练好胸腔共鸣，那就先学会如何控制气息。接下来介绍一种腹式呼吸法。

1. 吸气法

演说者在练习时要做到吸气用鼻自然进行，尽力做到平稳、柔和、安静，气要吸得深，暂停吸气以后要有一种像要打喷嚏之前那样短暂的憋气，体会一下腰周围的扩张，试着感觉到腰带渐紧，前腹和后腰分别向前、后、左、右撑开的力量和膨胀的感觉。

练习方法：

两脚稍分开站立或站立时一只脚稍向前，重心放在前脚。如果是坐着，重心靠前些，也是一脚在前一脚在后。腰部要挺起，这时小腹有微收的感觉，气也容易吸得深入。

两脚站立略分开，双臂由前方伸直过度到头的上方，慢慢吸气，可使你感觉到胸部扩张，下腹部在收缩，扩胸收腹吸气这种状态保持片刻，然后双手内翻双臂分开落下，开始慢慢呼气，同时保持扩胸收腹，呼气渐弱时停止。

两臂从两侧高举过头成垂直状态，掌心相对，肩要放松且打开鼻腔和咽腔的气息通道，使下肋舒展扩张，然后深深的吸气。这样做往往能使气息吸入正确的位置。

仿佛自身面前有一盆鲜花，用鼻慢慢的、深深地吸进香气，吸气过程中，腹部自然地鼓胀起来，注意不要太用力（其生理原理是横膈膜下降，使得肺部有更大的扩张空间）等吸气结束后憋住一会儿后缓缓吐出。

横膈膜的力量对气息的保持和声音的力度都很重要。传统的训练方法：

数数字：深吸一口气，利用腰腹的力量保持住，从1开始数，数到60为合格。数数要均匀且有节奏，不能偷气。

吹灰：深吸一口气，然后就像吹掉桌上的灰尘一样往前吹气，节奏是一慢二快、体会横膈膜的力量。

仰卧起坐：每天做仰卧起坐20次以上可增强腰腹的力量。

2. 呼气法

演说者在练习呼气时，嘴尽量做到均匀、缓慢、稳步；小腹尽量回收，使胸、腹部在努力控制下，将肺部储气慢慢放出，均匀地外吐。在呼气过程中，语音一个接一个的发出后，组成有节奏的有声语言。

练习方法：

练习者可以准备一张A4纸1/2大小的薄纸片，放置于墙上，嘴与纸张的距离为4～6厘米，当练习者吸气后屏住呼吸，然后用嘴吹气使之纸张不落地，30秒钟以上便为合格。

练习者可准备一只燃烧的蜡烛，然后保持5～10厘米的距离对着火苗吹气，正确的气息是火苗倾斜而不灭，时间越长越好。

练习者可以咬住牙，深吸一口气后，从牙缝中发出“嗞－－－”声，力求平稳均匀持久。

练习者可以深吸一口气从一数到十，反复循环，一口气能数多少遍就数多少遍，要求数出的数字清晰响亮。

练习者可以准备一只燃烧的蜡烛放置于离自己2米处样子，然后深吸一口气再呼出气流尽量使其蜡烛被吹灭。

以上呼吸方法的使用可以使腹部和丹田充满气息，为发音提供充足的气。由于小腹向内收缩，胸向外扩张，以小腹、后腰和后胸为支柱点，为发音提供了充足的力。气与力的融合，为优美的声音奠定了坚实的基础。在讲话过程中，要处理好讲话和呼吸的关系，必须注意：尽可能轻松自如，吸气要迅速，呼气要缓慢、均匀，吸入的气量要适中。这就是所谓的声靠气传。

绕口令配合练声：

出东门，过大桥，大桥底下一树枣儿，拿着杆子去打枣，青的多，红的少。一个枣儿，两个枣儿，三个枣儿，四个枣儿，五个枣儿，六个枣儿，七个枣儿，八个枣儿，九个枣儿，十个枣儿……这是一个绕口令，一口气说完才算好。

小柳树，满地栽，金花谢，银花开。

词组配合练习：

百炼成钢、翻江倒海、追悔莫及、胸有成竹、马到成功、旗开得胜

提示 腹式呼吸法可以在上课时、走路时、睡觉时、吃饭时、卧床时、说话时等几乎任何时候练习，如果想让自己在发言中、演说中、能有很好听、沉稳的声音，那就最好能把腹式呼吸练成平常呼吸的习惯。

掌握了以上腹式呼吸法之后，接下来将进行胸腔共鸣训练，训练方法：

练习者用较低的声音发“嘿”音，声音不要过亮，逐渐降低音高，找到从胸腔发出的感觉。也可适当加大音量，并用手轻按胸

部,用a做练习音,从高到低,从实到虚发长音,体会哪一段声音胸腔振动强烈,然后在这一声音阶段做胸腔共鸣训练,一般说来,较低又柔和的声音易于产生胸腔共鸣。以下是发“嘿”音的要点:由快而慢——由大变小。(每组20次,休息8分钟后重复一组)

自我练习:练习者运用胸腔共鸣的方式做3分钟自我介绍。

原则:落落大方、说话清晰、声音浑厚、时间3分钟。

三、头腔共鸣

头腔共鸣是沿袭了科学知识尚不发达的19世纪的声乐术语,属于一种练声方法。头腔共鸣在口腔共鸣的基础上,然后把声波在硬腭上的集中反射点稍向后面移动一些,把下肿放下来(好像把上牙床往上提高一些的感觉),同时软腭和小舌头也随之上抬,舌根则有放下一些的感觉,使口、鼻、咽腔之间的通道和空间更宽广些,声波沿着上腭传递向鼻咽腔、鼻腔,引起声波的回荡。它在发高音(头声区)时为主要的共鸣器官,在演说、谈话时使用特别少,所以这里就不做更多介绍。

第二节　魅力发声之“字正腔圆”声母正音练习(一)

演说的初衷是为了传递出演说者的观念、见解与想法。那么演说者的观念、见解、想法能否准确无误的传递,能让听众完全理解、接收,这需要取决于演说中的众多因素,其中之一便是演说者的语言文字表达。

语言文字表达讲究发音的字正腔圆,即文字发音准确、字音清楚、声音饱满、润泽、发音集中、不散乱、语音连贯、自然。说得通俗一点,可理解为语言文字的发音需要准确且标准,也就是我们生活中经常所提及的标准普通话。中国的官方语言为普通话,也称为国语、华语,通行于中国大陆、香港、澳门、台湾及海外华人华侨间的共通语言,同时也是媒体等使用的标准语。普通话要求文字发音准确无误、字音清楚,其目的是有助于信息的传递与表达,而且还有助于人与人之间在沟通与交流中能更加清晰和完整的获得信息。

演说中,演说者与听众间信息传递与沟通方式大致可以分为一对多和一对一的方式。无论是一对多还是一对一的沟通,演说者从始至终的演说都在使用语言文字在传递出众多信息;听众是否能够准确、清晰的听懂演说者所说的话语,这就对演说者语言文字发音的准确性有一定的考验了。

如何才能把语言文字的发音做到字正腔圆的表达出来呢?方法其实很简单,只需要掌握和区分汉语拼音中的声母、韵母的发音及声调,就能很容易把文字的发音表达标准了。

声母是汉语音节(音节:语音结构的基本单位,我们说话时都是一个汉字、一个汉字地说,所以一个汉字就是一个音节,比如"我wo、们 men",这就是两个音节)开头的辅音。汉语有些音节不以辅音开头,即没有声母,习惯上我们称为零声母音节。

普通话中声母有 21 个,他们分别是 b、p、m、f、d、t、n、l、z、c、s、zh、ch、sh、r、j、q、x、g、k、h,根据声母发音部位不同可将声母划分为七个类别。

第一类，双唇音（上下唇行成阻塞并爆破发音）：b－p－m。

第二类，唇齿音（上齿下唇形成阻塞并发音）：f。

第三类，平舌音（舌尖与上齿背形成阻塞发音）：z－c－s。

第四类，翘舌音（舌尖与硬腭前部形成阻塞发音）：zh－ch－sh－r。

第五类，舌尖中音（舌尖与上齿龈形成阻塞发音）：d－t－n－l。

第六类，舌面音（舌面前部与硬腭前部形成阻塞发音）：j－q－x。

第七类，舌根音（舌根与软腭形成阻塞发音）：g－k－h。

在以上七个类别的声母发音中，最难掌握与最容易混淆的发音为"平舌音 z－c－s；翘舌音 zh－ch－sh；唇齿音 f；舌尖中音 n－l；舌根音 h。"以上几个类别的声母发音对于大多数人都很难掌握和容易混淆，接下来我们将介绍一些方法，让练习者轻松地掌握和区分他们的发音，让自己的汉语发音更加的准确无误。

一、准确掌握声母发音方法。

普通话中的每一个声母都有自己的发音方法，只要发音方法正确，发音基本就能发准。21 个声母发音中最难掌握的属于翘舌音 zh－ch－sh 与舌尖中音 n－l。接下来给大家讲解这 5 个声母具体的发音方法。

zh：发音时舌尖往上翘起抵住硬腭前面部分，软腭上升，堵塞鼻腔通路，声带不颤动，用较弱的气流把舌尖部分的阻碍冲开一条窄缝摩擦成声。比如"真正 zhen－zheng"的声母。

ch：发音情况和 zh 相同，只是用的气流相比较强。比如"成

cheng”的声母。

sh:发音时舌尖上翘接近硬腭前,留出窄缝,软腭上升,堵塞鼻腔通路,声带不颤动,气流从窄缝中挤出,摩擦成声。比如“狮 shi”的声母。

n:发音时舌尖抵住上齿龈,软腭下降,打开鼻腔通路,气流振动声带,从鼻腔通过。比如“南 nan”的声母。

l:发音时舌尖抵住上齿龈,软腭上升,堵住鼻腔通路,气流振动声带,从舌头两边通过。比如“蓝 lan”的声母。

二、记忆法

据统计,在普通话中常用汉字有3500个左右,其中翘舌音“zh－ch－sh”的使用频率较高,占到了常用汉字的17%,而相对的平舌音“z－c－s”的使用频率就比较少。舌尖中音“n”声母的使用频率相对“l”声母的使用频率将近少了一半。唇齿音“f”声母的使用频率比舌根音“h”声母的使用频率较少。

从以上三种情况可以看出声母“z－c－s－n－f”的使用频率相对较少,那么练习者可以考虑记住声母使用频率较少的字词,这样也能够比较准确地读准汉字的发音。

三、运用朗读练习法

演说者在演说中所表达的普通话是否标准,我们大致可以从他“声母”的发音进行判断。普通话中声母总共为21个,其中最难和最容易混淆的发音也就只有十个“z－c－s－zh－ch－sh－n－l－h－f”,为了能够让练习者更加清晰地分辨和掌握字词的发音,接下来将提供对应的词组练习与绕口令练习。

1. 平舌音“z－c－s”与翘舌音“zh－ch－sh”对比朗读练习

平舌音“z”与翘舌音“zh”					
制造	铸造	主宰	正在	著作	渣滓
种族	准则	追踪	职责	沼泽	载重
增长	宗旨	总之	组织	珠子	阻止
作者	自传	赞助	杂志	座钟	诅咒
平舌音“c”与翘舌音“ch”					
差错	揣测	储存	纯粹	楚辞	冲刺
船舱	车次	尺寸	春蚕	唇彩	陈醋
财产	残喘	草创	粗茶	彩绸	仓储
磁场	促成	错处	辞呈	操持	餐车
平舌音“s”与翘舌音“sh”					
上司	声嘶	神色	十三	闪速	胜诉
神似	世俗	输送	伸缩	绳索	哨所
桑树	松鼠	宿舍	素食	算数	扫射
四十	四叔	私塾	四处	苏轼	速食

声母“z－c－s”与“zh－ch－sh”绕口令练习：

《酸枣子》

山上住着三老子，山下住着三小子，山腰住着三哥三嫂子；

山下三小子，找山当腰三哥三嫂子，借三斗三升酸枣子；

山当腰三哥三嫂子，借给山下三小子三斗三升酸枣子；

山下三小子，又找山上三老子，借三斗三升酸枣子；

山上三老子，还没有三斗三升酸枣子；

只好到山当腰找三哥三嫂子，给山下三小子借了三斗三升酸枣子。

过年山下三小子打下酸枣子，还了山当腰三哥三嫂子，两个三斗三升酸枣子。

《葱》

松松栽了十棵松。冲冲说栽松不如栽葱，松松说栽葱不如栽松。

是栽松不如栽葱，还是栽葱不如栽松？

《四和十》

四和十，十和四，十四和四十，四十和十四。

说好四和十得靠舌头和牙齿。谁说四十是“十四”，他的舌头没用力；

谁说十四是“四十”，他的舌头没伸直。认真学，常练习，十四、四十、四十四。

《柿子树与石狮子》

山前有四十四棵死涩柿子树，山后有四十四只石狮子；

山前的四十四棵死涩柿子树涩死了山后有四十四只石狮子；

山后有四十四只石狮子咬死了山前有四十四棵死涩柿子树；

不知是山前的四十四棵死涩柿子树涩死了山后四十四只石狮子；

还是山后四十四只石狮子咬死了山前有四十四棵死涩柿子树。

《师部司令部指示》

四团十连石连长带四十人在十日四时四十四分按时到达师部司令部，师长召开誓师大会。

《数狮子》

公园有四排石狮子，每排是十四只大石狮子；

每只大石狮子背上是一只小石狮子，每只大石狮子脚边是四只小石狮子；

史老师领四十四个学生去数石狮子，你说共数出多少只大石狮子和多少只小石狮子。

《撕字纸》

隔着窗户撕字纸，一次撕下横字纸，一次撕下竖字纸；

是字纸撕字纸，不是字纸，不要胡乱撕一地纸。

《大车拉小车》

大车拉小车，小车拉小石头，石头掉下来，砸了小脚指头。

2. 舌尖中音“n”（鼻音）与“l”（边音）对比朗读练习

“n”（鼻音）与“l”（边音）					
奶酪	能量	尼龙	努力	鸟类	旅客
男女	浓烈	拿来	那里	内乱	年年
泥泞	奴隶	粗茶	彩绸	仓储	顺利
促成	错处	辞呈	操持	餐车	着陆
老农	嫩绿	纳凉	呐喊	难题	内线
捏造	诺言	宁静	农庄	内涵	泪腺
逆水	年纪	鸟窝	热闹	藏匿	留念
才能	头脑	温暖	淑女	采纳	连年
暴虐	无奈	愤怒	蜡烛	兰花	留恋
理会	经历	系列	年龄	善良	女客
擂台	路程	灵活	辽阳	阅览	临近
烂泥	烂梨	浓重	隆重	南宁	廉洁
兰陵	无奈	无赖	蓝天	南天	黏结
黄泥	黄梨	水牛	水流	门内	质量

声母“n”与“l”绕口令练习：

《六十六头牛》

六十六岁的陆老头，盖了六十六间楼，买了六十六篓油；

养了六十六头牛，栽了六十六棵垂杨柳。

六十六篓油，堆在六十六间楼；六十六头牛，扣在六十六棵垂杨柳。

忽然一阵狂风起，吹倒了六十六间楼，翻倒了六十六篓油；

折断了六十六棵垂杨柳，砸死了六十六头牛，急煞了六十六岁的陆老头。

《喇嘛和哑巴》

从南边来了个喇嘛，手里提拉着五斤塔嘛；

从北边来个哑巴，腰里别着个喇叭。

提拉塔嘛的喇嘛，要拿塔嘛换别哑巴的喇叭；

别喇叭的哑巴，不愿意拿喇叭换提拉塔嘛的喇嘛。

提拉塔嘛的喇嘛拿塔嘛打了别着喇叭的哑巴一塔嘛；

别喇叭的哑巴，拿喇叭打了提拉塔嘛的喇嘛一喇叭。

也不知提拉塔嘛的喇嘛拿塔嘛打坏了别喇叭哑巴的喇叭；

还是别喇叭的哑巴拿喇叭打坏了提拉塔嘛喇嘛的塔嘛。

提拉塔嘛的喇嘛敦塔嘛，别喇叭的哑巴吹喇叭。

《老龙与老农》

老龙恼怒闹老农，老农恼怒闹老龙。农怒龙恼农更怒，龙恼农怒龙怕农。

《牛郎与刘娘》

牛郎恋刘娘，刘娘恋牛郎，牛郎年年念刘娘，刘娘年年恋牛郎，郎念娘来娘恋郎。

3. 唇齿音“f”与舌根音“h”对比朗读练习

唇齿音“f”与舌根音“h”					
返航	发挥	防护	防旱	飞花	理化
绯红	肥厚	分化	奉还	符合	理发
附和	耗费	海风	合肥	盒饭	开花
恢复	何方	伙房	挥发	焕发	废话
洪福	富豪	混纺	防风	黄蜂	舅父
发红	花红	放荡	晃荡	公费	会话
芬芳	昏黄	翻腾	欢腾	工会	开发
辅助	互助	地方	荒地	飞鱼	救护
黑鱼	流犯	流汗	浮面	湖面	房后
老房	老黄	西服	西湖	防空	皇后
航空	幅度	弧度	富丽	互利	

声母“f”与“h”绕口令练习：

《黑化肥与灰化肥》

化肥会挥发。

黑化肥发灰，灰化肥发黑。

黑化肥发灰会挥发；灰化肥挥发会发黑。

黑化肥挥发发灰会花飞；灰化肥挥发发黑会飞花。

黑灰化肥会挥发发灰黑灰为花飞；灰黑化肥会挥发发黑灰为灰飞花。

黑灰化肥灰挥发灰黑灰为黑灰花会飞；灰黑化肥会挥发黑灰为灰飞花化为灰。

第三节　魅力发声之“字正腔圆”

声母正音练习(二)

zh 声母常用汉字一览表

zhi	知	只	致	指	职	直	纸	止	智	址
	执	挚	支	枝	侄	至	窒	趾	置	蜘
	殖	志	值	治	植	之				
zhe	这	浙	者	折	哲	遮	蜇	辄		
zhu	住	祝	主	助	注	蛛	诸	煮	猪	珠
	竹	柱	著	株	筑	逐	驻	铸	烛	嘱
zhan	占	站	战	展	粘	沾	斩	盏	湛	栈
	毡	绽	崭	颤	詹					
zhao	找	照	招	赵	罩	召	肇	沼	朝	钊
zhuo	桌	捉	卓	茁	拙	啄	灼	浊	镯	酌
zhen	贞	侦	桢	珍	真	缜	镇	振	赈	震
zheng	正	整	征	挣	郑	争	蒸	筝	睁	政
zhuang	赚	转	专	砖						
zhang	长	张	涨	章	账	掌	障	彰	蟑	杖
zhong	中	种	重	钟	忠	终	众	肿	仲	冢

z 声母常用汉字一览表

zi	字	子	自	紫	资	仔	兹	姿	籽	孜
	滋	咨	恣	吱	滓	渍				
zu	组	租	足	族	祖	阻	卒	诅	俎	
zun	尊	遵	樽	鳟						
za	咋	砸	杂	咱						
zan	赞	咱	攒	暂						
zao	早	遭	糟	造	澡	枣	燥	灶	皂	蚤
zong	总	宗	纵	棕	综	踪	粽	鬃		
ze	则	泽	择	责	啧					
zeng	曾	赠	增	憎						

ch 声母常用汉字一览表

chi	吃	齿	迟	持	耻	尺	池	痴	赤	驰
	翅	斥	弛							
cha	差	查	插	茶	叉	察	岔	杈	姹	衩
chao	吵	超	抄	炒	朝	潮	巢	嘲	钞	剿
chan	产	馋	缠	铲	禅	颤	阐	忏		
chang	场	常	昌	长	唱	肠	厂	尝	畅	偿
	娼	嫦	怅							
chu	出	除	处	楚	初	触	储	厨	畜	锄
	雏	础								

chui	吹	锤	垂	捶						
chun	唇	春	纯	蠢	醇	淳	鹑			
chou	抽	丑	臭	愁	仇	瞅	筹	稠	酬	绸
chuo	戳	龊	绰	辍						
chuai	踹	揣								
chen	陈	趁	沉	晨	尘	辰	臣	衬	嗔	
cheng	成	程	城	称	呈	撑	诚	乘	承	橙
	盛	丞	逞	惩						

c 声母常用汉字一览表

ci	次	此	词	刺	辞	赐	磁	慈	雌	祠
ci	催	崔	脆	翠	摧	萃	悴			
cu	粗	醋	促	簇	蔟					
ca	擦	嚓								
can	参	惨	餐	残	灿	蚕	掺	璨	惭	粲
cang	藏	仓	苍	舱	沧	伧				
cao	操	草	曹	槽	糙	嘈				
cuo	错	挫	搓	措	磋					
cuan	窜	攒	蹿	篡						
cun	寸	存	村							
cai	才	菜	财	猜	材	彩	踩	采	蔡	裁
cong	从	葱	聪	丛	匆	囱				

sh 声母常用汉字一览表

sha	啥	杀	傻	沙	莎	纱	砂	煞	刹	鲨
shan	山	删	闪	善	扇	衫	珊	杉	陕	膳
	煽	汕	擅	讪	鳝					
shang	上	伤	商	尚	赏	裳	晌			
shou	手	收	瘦	受	守	首	兽	售	寿	授
	狩	熟								
shua	耍	刷								
shu	书	输	属	梳	数	术	熟	树	叔	鼠
	舒	淑	竖	束	述	蜀	署	疏	恕	殊
	暑	赎	薯	墅	漱	抒	蔬			
shuai	帅	甩	摔	摔	率	蟀	帥			
shao	少	烧	稍	绍	捎	勺	哨	梢	芍	潲
shen	深	身	神	肾	申	沈	审	伸	甚	婶
	慎	渗	参	绅	呻					
sheng	生	声	省	剩	升	胜	圣	绳	笙	牲
shi	是	时	事	使	式	市	师	实	湿	试
	室	诗	识	氏	仕	石	士	世	视	屎
	食	始	失	施	适	饰	狮	释	似	逝
	誓	驶	蚀	矢	弑	侍	势	嗜	噬	轼
	尸	匙	虱	柿	屎					

s 声母常用汉字一览表

si	四	死	思	似	斯	丝	司	私	撕	寺
	肆	嗣	饲	巳	祀					
su	苏	素	速	俗	诉	宿	酥	塑	粟	肃
	溯	夙	稣							
sui	岁	随	虽	碎	遂	穗				
sun	损	孙	笋	狲						
suo	所	锁	索	缩	嗦	梭	唆	琐	娑	
sa	撒	仨	萨	萨	飒					
sao	扫	骚	嫂							
sai	塞	赛	鳃							
sang	桑	丧	嗓							
song	送	松	宋	怂	颂	耸	嵩	诵	悚	讼
suan	算	酸	蒜							

n 声母常用汉字一览表

na	那	拿	哪	呐	纳	衲	娜			
nan	男	难	南	楠						
nai	奶	耐	乃	奈						
nian	年	念	碾	粘	黏	撵				
niu	牛	妞	扭	钮	纽					
nu	怒	奴	弩	努	驽					
nong	弄	浓	农	侬	脓					

ni	你	妮	腻	泥	尼	呢	拟	逆	倪	匿
	昵	溺								
ning	宁	拧	凝	柠	咛	狞				
nei	内									
nie	捏	聂	涅	孽						
nao	闹	脑	挠	恼	孬	瑙				
nuo	诺	挪	喏	糯	懦	娜				
nue	虐	疟								

l声母常用汉字一览表

li	里	离	力	李	理	利	立	历	丽	礼
	莉	哩	例	粒	梨	黎	励	栗	厉	厘
	狸	荔	沥	璃	俪	锂	犁	莉	隶	鲤
lin	琳	林	临	淋	霖	拎	麟	邻	鳞	赁
	吝	霖								
ling	零	领	灵	陵	龄	另	玲	凌	岭	铃
lu	路	录	陆	露	鲁	卢	鹿	炉	璐	撸
	禄	卤	芦	鹭	麓	庐	泸	虏	戮	颅
liu	六	留	刘	流	溜	柳	瘤	榴		
lian	连	脸	练	恋	联	莲	链	炼	怜	廉
	涟	镰	敛	帘	鲢					

liang	良	两	量	凉	梁	靓	亮	辆	粮	晾
	谅	粱	俩							
lun	论	轮	伦	仑	抡	囵				
lan	懒	蓝	兰	栏	烂	拦	岚	揽	澜	览
	滥	缆	婪	榄	阑					
long	龙	隆	笼	拢	聋	珑	陇			
lao	老	牢	捞	劳	佬	唠	姥	烙	涝	落
la	啦	拉	腊	辣	蜡	垃	邋			
luo	罗	螺	落	裸	洛	络	骆	萝		
lou	漏	楼	喽	搂	篓	陋				
lei	类	累	雷	泪	蕾	磊	垒	擂		
lie	烈	列	裂	猎	劣					
lv	率	驴	绿	吕	旅	铝	虑	侣	屡	履
le	了	乐	勒							

f 声母常用汉字一览表

fa	发	法	罚	法	阀	乏	筏			
fan	翻	饭	凡	烦	反	犯	范	返	帆	樊
	番	泛	繁	梵	贩	幡				
fang	放	方	房	访	防	芳	仿	坊	纺	舫

fu	付	福	夫	扶	服	富	负	副	复	附
	符	府	父	浮	幅	傅	妇	伏	赴	敷
	腐	腹	辅	甫	赋	覆	辐	斧	抚	拂
fen	分	粪	坟	芬	份	粉	奋	愤	焚	纷
	汾	吩								
feng	缝	逢	疯	风	封	凤	峰	冯	丰	锋
	枫	蜂	奉	烽	讽	鳯	俸			
fei	费	飞	非	肥	废	菲	肺	妃	匪	吠
	沸	啡	绯	扉	狒					

h 声母常用汉字一览表

huo	或	火	活	货	祸	霍	获	伙	豁	惑
hua	话	花	化	华	画	划	滑	哗		
hui	会	回	灰	辉	汇	慧	惠	毁	悔	挥
	晖	绘	徽	卉	荟	晦	秽	喙	彗	
hu	胡	虎	户	湖	呼	乎	护	胡	糊	壶
	沪	狐	互	忽	唬	弧	浒	琥	瑚	鹄
hun	混	婚	魂	昏	荤	馄				
huang	黄	慌	晃	皇	谎	荒	煌	凰	簧	恍
	璜	惶	蝗	隍						
hong	红	洪	哄	宏	泓	鸿	虹	轰	弘	烘
huai	坏	怀	淮	槐	懷					

huan	换	还	唤	环	欢	缓	幻	患	焕	宦
he	和	喝	何	合	贺	禾	盒	河	呵	核
	核	鹤	荷	赫	褐	颌	涸			

第四节　魅力发声之“字正腔圆”韵母正音练习

韵母作为汉语音节声母之后的一部分，是汉语音节中的主要组成部分之一，也是音节中不可缺少的一部分，比如“再 zai”——z 是声母，ai 是韵母。汉语汉字在没有声母的时候，韵母也可以独立发音，我们习惯上把这种情况称为“零声母”音节。

普通话中韵母共有 39 个，大致可以分为以下三类情况单韵母、复韵母、鼻韵母。

单韵母是指由一个元音音素构成（音素是音节中最小的单位，主要按照发音的音色来划分，比如“国 guo”就有三个音素—g－u－o）。单韵母在汉语拼音中有：“a－o－e－i－u－ǔ－er”等，比如词组：“妈妈、沙发、外婆、大伯、面膜、合适、合格、特色、蜜蜂、努力、救助、大陆、两步、地域、工具、尔等、然而、耳朵”等。

复韵母是指由两个或者三个元音音素构成，复韵母在汉语拼音中有 ai－ei－ao－ou－ia－ie－ua－uo－ǔe－iao－iou－uai－uei（ui）等，比如词组：“白色、美味、宝宝、优秀、夹子、切糕、花儿、火锅、掠夺、谬论、怀表、归途”等。

鼻韵母是指由一个或两个元音音素加上一个鼻辅音音素构成，普通话的韵母中有前鼻韵“n 与后鼻韵 ng”两个鼻辅音，它们都依附在元音之后作为韵尾。“鼻韵母”的发音特点是元音要清晰且响亮的发声，发声后气流不能中断，逐渐向鼻辅音过度，最后将嘴发音逐渐转变成为鼻音，这种元音至辅音的转换需要自然连贯，不能脱节有拼接的感觉。（注：韵母根据结构划分可以划分为韵头、韵腹、韵尾；韵头是指处于声母与韵腹之间的那个元音，比如“笑 xiao”中的“i”就是韵头；韵腹是指韵母里面主要的元音，它是不可缺少的一部分，它的发音比较响亮，比如“笑 xiao”中的“a”就是韵腹）；韵尾是指韵腹后面的那个音素，一般由“i－u”和“n－ng”充当，比如“洋 yang”，鼻韵母在汉语拼音有 an－en－ian－in－uan－uen－ǚan－ǚn－ang－eng－iang－ing－uang－ueng－ong－iong 比如词组丹凤、任性、鲜花、新年、专业、温暖、源源不断、军队、榜上有名、封神榜、想象、叮嘱、状态、农民、雄鸡等。

以上三类韵母中，当汉语文字发音中属于第一类与第二类，发音中没有出现后鼻韵的时候，几乎所有人都能发音比较准确；但如果文字发音中有后鼻韵出现时，此时的发音就容易产生混淆；因为二者发音比较相似，但发音这却很难辨清这个字到底是发前鼻韵还是后鼻韵，比如“您 nin”这个字是属于前鼻韵，但是在生活中很多人发音的时候就容易混淆发成“您 ning”。

演说者如何才能更好的准确掌握和区分韵母中较难的发音呢，以下两个方法可以帮助练习者掌握与区分发音的准确性。

一、记忆法

记忆法是指练习者运用“记少不记多“的原则，去记住韵母中哪些字发音是前鼻韵、哪些是属于后鼻韵。汉语发音中前鼻韵与后鼻韵的字在数量上、使用频率上会有一定的区别，所以练习者可以考虑记住后鼻韵较少的汉字，经常加强记忆，这样可以在以后使用的时候就能很轻松的反映出来。

二、朗读训练法

朗读训练法是指练习者把经常使用到的高频词汇，总结记录下来，时常复习、时常进行朗读，力求达到融会贯通、得心应手的效果。根据平常汉语发音的收集，汉语中出现前鼻韵与后鼻韵的字词有以下部分。

前鼻韵"n"发音词组及朗读训练

闷热	大门	人们	扪心	忍者	刀刃	缝纫	盆栽
分秒	芬芳	汾酒	千仞	焚烧	一份	忿忿	壬辰
任性	荏苒	妊娠	吩咐	本色	笨蛋	申请	伸手
呻吟	绅士	神奇	大婶	婶婶	就诊	珍惜	湿疹
趁机	贞子	侦探	树根	跟随	痕迹	开垦	恳请
版本	满意	选票	频率	缓慢	元宵	典范	根源
云南	温泉	判断	鲜嫩	匀称	变幻	传闻	全面
田园	民间	森林	训练	安全	范文	缘分	冠军
狠狠	很腻	很恨	早晨	振动	地震	枕头	热忱
沈阳	肯定	啃掉	人参	渗透	喷泉	愤怒	斟酌
圆润	沉稳	圆圈	轩辕	渊源	春笋	温存	论文
宦官	真实	缜密	小镇	慎重	新闻	轮船	怜悯
甚至	赞叹	审查	检验	脸面	濒临	偏见	反叛

深圳	殷勤	音频	坦然	鱼鳞	麒麟	邻居	禁止
千寻	谦逊	锻炼	反问	循环	闻讯	联欢	前进
辛勤	心情	灯芯	吟诵	蔡琴	今天	薪水	新年
近远	斤两	芹菜	欣欣	因果	人民	阴天	树荫
尽量	灰烬	亲人	树林	淋湿	琳琳	彬彬	寝室
入侵	浸泡	宾客	缤纷	槟榔	双鬓	嫔妃	谨慎
禽兽	擒拿						

从以上词组可以看出，在生活中前鼻韵的字词都是比较容易发音且掌握的，所以练习者可以针对以上词组加以熟读练习便可。

后鼻韵"ng"发音词组及朗读训练

拎包	名人	铭记	酩酊	命令	衣领	山岭	年龄
朝廷	庭院	茯苓	铃铛	定当	龟腚	英尺	北京
蜻蜓	挺直	经纬	镜子	劲敌	痉挛	轻功	眼睛
婷婷	冥想	卿卿	景色	电影	婴儿	罂粟	敬礼
营地	棱角	凌晨	平安	苹果	安宁	叮咛	狰狞
屏障	钉子	盯着	头顶	乘客	剩下	澎水	灯火
沸腾	藤蔓	澄清	瞪眼	正月	生活	胜利	整齐
成功	城市	盛会	争取	挣扎	更正	哽咽	呈现
丞相	风筝	挣脱	绷带	朋友	大鹏	新增	赠送
猛将	蓬莱	蜜蜂	山峰	缝补	蹭饭	僧人	大风
零食	光荣	聆听	平等	胸膛	雄壮	熊掌	曾经
刑事	猖狂	形状	航空	东方	征用	强硬	梦境

精明	蓬松	停止	同盟	聪明	英雄	勇猛	帮忙
樱桃	用功	黄莺	仓房	蜻蜓	兵营	烫伤	商场
草坪	旺盛	生病	萌生	更正	省城	洋相	王庄
蒙古	掌声	柠檬	状况	王庄	矿床	装潢	双簧
证件	横行	惩罚	刑警	菱形	亮相	蒸腾	逞能
前程	正常	烹饪	承蒙	账房	苍茫	放荡	行当
层次	重用	孟子	盲肠	升腾	丰盛	粮饷	惊醒
疯癫	洪亮	讽刺	清明	狂妄	往往	老翁	轰隆
通融	浓重	窘迫	穷凶	锋芒	象征	方向	朗诵
声望	凉爽	装相	香肠	矿藏	瞳孔	公众	通红
恐龙	汹涌	熊熊	装订	刚劲	铿锵	良种	彷徨
郑政							

从以上词组可以看出，后鼻韵的发音在生活中、工作中、演说中相对出现和使用的频率较高，那么练习者就需要加强朗读练习并尽量做到熟背熟记。

以上两组字词是前鼻韵与后鼻韵的词组练习，除了以上词组之外，还需要练习者在平时的生活中不断地收集、记录下后鼻韵的词组，这样更有助于快速提升练习者的标准发音。接下来给练习者提供部分练习前后鼻韵的绕口令，目的是让练习者在以后的谈话中能自然、敏捷、准确的发出字词的发音，让自己普通话更加的标准。

《郑政与彭彭》

郑政捧着盏台灯，彭澎扛着架屏风，彭澎让郑政扛屏风，郑政让彭澎捧台灯。

《天上星》

天上看，满天星；地下看，有个坑；坑里看，有盘冰。

坑外长着一老松，松上落着一只鹰，松下坐着一老僧，僧前放着一部经，经前点着一盏灯，墙上钉着一根钉，钉上挂着一张弓。

说刮风，就刮风，刮得男女老少难把眼睛睁。

刮散了天上的星，刮平了地的坑，刮化了坑里的冰，刮倒了坑外的松，刮飞了松上的鹰，刮走了松下的僧，刮乱了僧前的经，刮灭了经前的灯，刮掉了墙上的钉，刮翻了钉上的弓。

只刮得星散、坑平、冰化、松倒、僧走、灯灭、经乱、钉掉、弓翻的一个绕口令。

《扁担与板凳》

板凳宽，扁担长；板凳要比扁担宽，扁担要比板凳长；

扁担想要绑在板凳上，板凳不让扁担绑在板凳上，扁担偏要绑在板凳上。

第五节　魅力发声之发声表达技巧

演说者语言的表达除了追求字正腔圆、发音悦耳动听之外，还要做到发声，以声传情，以情达意，以意言志；演说语言的表达讲究结构紧凑、语气连贯、节奏鲜明、有快有慢、音调朗朗上口、铿锵有韵；时而有大海般汹涌的波澜壮阔、跌宕起伏；时而也有小桥流水的风平浪静、水波不兴。

我们在演说和说话的时候，语音并不是一个一个孤立的发出来，而是一个音节接着一个音节连贯的发音，我们把有声语言的这种状态叫作语流。语流的快慢、停顿、节奏上的抑扬顿挫对演说和话语的表达效果有着非常大的作用，比如演说语速太快，会让人听觉上跟不上节奏，难以接收信息，同时会让听众对内容产生怀疑并认为演说者怯场；演说速度太慢，显得拉腔拖调，会让人产生厌烦情绪；演说节奏缺乏抑扬顿挫，会让人产生听觉疲劳……如何才能避免以上这些情况，那就需要做到对语言发声技巧的一定掌握。

一、语速

语速拿捏不当属于演说中易犯的一种失误。演说中说话速度过慢，内容将会失去了吸引力；说话速度过快，听众难以听懂。演说者应当把握适当的演说语速，做到话语急缓有致、富有节奏、起伏变化。演说中常用于控制与设计语速的方法如下。

1. 根据演说布局结构设计语速

演说的布局结构分为开头、高潮、结尾三部分，这三部分在演说时的语速是不尽相同的；演说过程中还可根据故事情节、人物个性、环境背景、感情起伏、演说风格、演说者身份、听众身份、因地制宜、因人制宜来调整。

2. 参照播音和报告的语速敲定演说的语速

电台播音员播音的语速通常情况下一分钟在 300 字上下，报告语速一般一分钟 150 字上下，那么演说的语速介于播音与报告之间，大致为一分钟在 200 字上下。

3. 根据演说题材定语速

演说如果属于说明、阐述型，语速可以使用每分钟150字的正常语速。

演说如果属于叙述型、描写型，语速可以使用一分钟120~150的较慢语速。

演说如果属于议论、抒情型，演说语速可以根据内容或快或慢。比如朱自清《荷塘月色》里的片段："这时候最热闹的要数树上的蝉声与水里的蛙声。但热闹是他们的，我什么也没有。"（慢）前面一句表达淡淡的喜悦，语速要快一些；后一句表达淡淡的哀愁，语速要慢一些。

4. 结合语言自身的形式特点制定语速。

演说中难免会有散乱冗长的句子和发音拗口的词汇，这时可以适当放慢语速；如果有整齐富有韵律色彩的语句，就可以说得稍微快些，这样会比较富有韵味，听起来比较有节奏感。比如几千年来，女子无才便是德、贤妻良母这些传统观念仍然在社会的众多人们的大脑中徘徊，它顽固地阻碍着当代社会女性的彻底解放！是母亲们天生愚笨不堪造就的吗？不是的！那是究竟是什么造就的呢？（这段文字朗读的时候就应该稍慢，开头要更慢一些，因为它句子长，比较拗口）比如冰心老人在三个孩子的啼哭声中辛勤笔耕，成为一代文学大师；琼瑶女士与狂赌丈夫分手后，怀抱着小女儿写下篇篇言情小说，终于名扬天下；撒切尔夫人在丈夫的支持下，成为英国历史上第一位连任三届首相，被世界称之为铁娘子。

二、停顿

停顿在演说表达中使用频率比较高,也是一种较为重要的演说表达技巧。它不仅是演说者生理上换气的需要,心理上表情达意的需要,而且也是一种区分语法关系、显示语法结构的需要。停顿的使用常常用来暗示演说者的思索和演说进程、这种停顿技巧的使用虽然会占据整场演说一定的时间比例,但是这种技巧的使用是不可或缺的。演说中停顿的运用大致可以分为四种情况:语法停顿、逻辑停顿、心理停顿、标点符号停顿。

1. 语法停顿

语法停顿是指句子中间的自然停顿。比如有一些长句子内部没有标点,我们可以根据语法关系去决定在哪儿停顿。它的使用往往是为了强调、突出句子中主语、谓语、宾语、定语、状语或补语而做的短暂停顿。正确恰当的语法停顿对听众在瞬间准确清楚地接受信息起着十分重要的作,同时还有助于我们在演说中正确地停顿断句,不读破句,正确地表达思想内容。

比如"亲爱的爸爸妈妈欢迎您"

第一种停顿:亲爱的爸爸妈妈/欢迎您!

第二种停顿:亲爱的爸爸/妈妈欢迎您!

第三种停顿:亲爱的/爸爸妈妈欢迎您!

2. 逻辑停顿

逻辑停顿是指语句内部词语之间在没有标点时候,根据句意做出的停顿,这样的停顿可以保证思想内容的正确表述和让听众能准确理解。比如某地有线电视收费处挂了一条横幅,上面写着:

“一次性交500元，全年100套任你用。”这句话语内部的停顿节奏大致可以分为两种：

一次性/交500元，全年100套/任你用。

一次性交/500元，全年100套/任你用。

以上两句的停顿节奏不对，内容表述大相径庭；所以在这样类似的语句中，语句的逻辑停顿就显得非常的重要。

3. 心理停顿

心理停顿也称作情感停顿，它不同于语法停顿与逻辑停顿，它主要作用不是服从语言语法与逻辑结构，而是根据演说者心理情景、情感的需要做出的停顿。这种停顿，从形式上看是演说者语言上做出的片刻沉默，实际上，则是演说者与听众之间内部语言（心理情感）的一种交流，在停顿的片刻，听众的思维情感开始发生变化、或异常活跃、或急切期待、或自由想象、或默默体验，这就是心理停顿的目的。日本学者原一平曾说过：“说话中的间隔足以撼动人心，善于演说的人都巧于此中奥妙。”

心理停顿的时间可长可短，短则几秒，长则几十秒，停顿的长短根据表达者所表达的内容或自身情感的需要，自行设计和掌握。心理停顿相对没有固定的模式，不过根据长期演说经验积累，大致可以把心理停顿的使用归纳在以下几种环境里面使用。

演说开头时：演说者登台问候“大家好！”之后，可以停顿3~5秒。

举例说明时：举例结束时的停顿，是为了引起听众的注意力，让听众开始独立思考、咀嚼回味从而举一反三。

会场气氛热烈时：当听众的情绪很激动时，可以给听众部分活跃的时间，让其释放自身的能量，同时也还能让演说者赢得调整情绪的时间。

演说中途或结尾时：美国第 16 任总统亚伯拉罕·林肯在演说时，每当他要讲出一个重要内容的时候，他总是把身体略微前倾，两眼直视听众，好久不说一句话。很显眼这样停顿方式，能够给听众留下深深的印象和起到吸引听众眼球的作用。

设问之后与回答之前时：演说者所提出的一些设问在某些时候并不需要听众作出回答，而是演说者自问自答；演说者在提出设问之后与自答之前，都应该稍作停顿，这样既可使听众产生悬念、产生联想，还可为后面意想不到的回答作出巧妙的铺垫。

感叹时：演说者在感叹之余，紧接着运用心理停顿，可以加深听众的印象，引起听众的共鸣。

话题转移或结束一段话语时：这样的停顿是为了让听众作好迎接新话题、新内容的心理准备。

讲出奇闻轶事和精彩见解之后时：当演说者讲完一段让听众惊叹的事情之后，可以特意停顿，这样可以给观众一定遐想回味的时间。

4. 标点符号停顿

标点符号的停顿是指根据书面语言中标点符号所做出对应的停顿，它属于语言停顿的重要依据。标点符号的停顿规律一般是句号、问号、感叹号、省略号停顿略长于分号、破折号、连接号、分号、破折号；连接号的停顿时间又长于逗号、冒号；逗号、冒号的停顿时间又长于顿号、间隔号。另外，段落之间，停顿的时间要比一般的句号时间长些。

朗读练习:运用停顿感受下文《境由心造》

一个人的处境是苦是乐常是主观决定的。

有人安于某种生活,有人不能,因此能安于自己目前处境的不妨就如此生活下去,不能的只好努力另找出路。你无法断言哪里才是成功的,也无法肯定当自己到达了某一点之后,会不会快乐。有些人永远不会感到满足,他的快乐只建立在不断地追求与争取的过程之中,因此他的目标不断地向远处推移。这种人的快乐可能少,但成就可能大。

苦乐全凭自己判断,这和客观环境并不一定有直接关系,正如一个不爱珠宝的女人,即使置身在极其重视虚荣的环境,也无伤她的自尊。

拥有万卷书的穷书生,并不想去和百万富翁交换钻石或股票。满足于田园生活的人也并不羡慕任何学者的荣誉头衔或高官厚禄。

你的爱好就是你的方向,你的兴趣就是你的资本,你的性情就是你的命运。各人有各人理想的乐园,有自己所乐于安享的花花世界。

三、语调

据调查显示:一个人在说话时信息的传递,肢体动作占55%,语调占38%,内容只占7%。从中可以看出,说话时语调其实也占据了较为重要的比例。说话时的语调如果从头到尾都是平淡无奇,听话的人就会感到异常的枯燥。就好比一首旋律非常优美的歌曲中一定会有起伏跌宕的节奏感,听众便会觉得比较好听;如果从头到尾都是一个调子，听众是否就会失去听的兴趣。演说也是如此，所以演说时语调的把握也显得非常的重要。

语调是指演说者演说时话语语音高低、轻重缓急的变化，演说者通过语调的变化来表达与传递出内在的思想情感。优秀的演说者都会巧妙地运用语调，使自己的演说具有丰富的形象色彩、感情色彩、理性色彩、风格色彩，从而能更好地调动听众的情绪，引起感情上的共鸣，更好地让听众接受演说的思想。语调的运用可以在演说中表达出丰富的感情色彩，如愤怒、惊讶、高兴、害怕、嫉妒、蔑视、难受、紧张、骄傲、悲切、满足、同情等，不同的语调可以表达不同的情感。

演说中语调的变化，主要反映在语音、语速、重音轻音、升调降调这四个要素上，其中语音与语速已经讲过，所以这里主要讲语调的重音轻音与升调降调。

1. 语调重音

演说中为了突出某个意思，而把某些字或词组的音量加大、语调讲得重些，就是所谓的语调重音。比如“我请你喝五粮液”，如果重音是“你”，那是强调请客的对象；如果重音是“五粮液”，那强调的是喝的东西；如果重音是“我”，那是强调请客的主人。重音的处理关键在于选择好重音词，进而加强语调。应当注意的是，重音切记过多，过多则显示不了孰轻孰重，另外会造成听众的听觉疲劳。

2. 语调轻音

演说中出于对演说内容、情感表达的需要，故把话或字词讲得轻一些，音量小一些，这就是所谓的语调轻音。比如徐志摩的诗《再别康桥》第一句：“轻轻的我走了，正如我轻轻的来”。

3. 升调与降调

语调的升降，是指语调的高低抑扬变化。同一语句，往往因为语调升降处理不一样，而能表达出多种多样的意思。例如：

这是一千万元。（一手交钱、一手交货，司空见惯）

这是一千万元！（强调金额巨大）

这是一千万元？（惊讶，怎么这么多）

这是一千万元？（喜悦，为一下子有这么多钱而高兴）

这是一千万元！（后悔，不该错过赚大钱的机会）

从以上例子可以知道，语调的升降变化，在句末较为明显。语调升降变化可分为升调、降调、平调、曲折调四种。

升调是指句子的语势由低到高。一般表示惊讶、疑问、呼唤、号召等。如钱怎么还没有转过来！

降调是指句子的语势由高到低。一般表示肯定、感叹、恳求、自信、祝愿等。如我们的梦想一定能实现。

平调是指整个句子语势平稳舒展，没有明显的高低变化。一般用于陈述、说明、解释；一般表示严肃、庄重、平静、冷漠等。如“我们的考验接下来会更加的严峻”。

曲折调是指句子的语势曲折变化，有起有伏。一般表示夸张、讽刺、幽默等。如“他太帅了，连挖鼻孔的样子也那么潇洒”。

演说中由于有了音调的抑扬顿挫、高低起伏变化，所以演说的节奏就会让人听起来产生一种美感。根据演说中音调的这些变化，我们把演说的节奏可分为轻快型、沉重型、激昂型。

轻快型是指情感起伏波动小、语调变化小、停顿较少的一种节奏。一般会适用于陈述一件事，说明一个道理的演说中。这样的使用可以显得语气显得平和，语速为中速或稍慢，重音与停顿也会较少。例如：

尊敬的各位评委、领导大家好：今天能够登上干部竞选舞台，我感到十分荣幸和激动。首先，衷心感谢组织上给予我们这次展示自我，锻炼提高的机会，同时我也感谢一直以来关心、支持、帮助我成长的各级领导、同事和朋友。是你们的信任和支持增强了我竞选的信心和决心，是你们的鼓励和鞭策点燃了我青春的激情，是你们的肯定和赞许，让我更加深刻理解“责任”的意义。今天，我演说的题目是《青春、奋斗、责任》。

沉重型是指多抑少扬、少轻多重、音强而有力、色彩多浓重、语势平稳、顿挫较多，且时间较长、语速偏慢的一种节奏。一般会适用于抒发悲伤、激愤情感的演说中用，抒情性演说中也会比较多见。例如：

提及日本，中国同胞都将充满了仇恨。旅顺大屠杀，南京大屠杀，几十万同胞被割头、被剖腹、被活埋、被机枪扫射……中国万千同胞惨死于日寇屠刀之下，日寇丧尽天良残暴至极，侵略我们国土，抢占我们家园，屠杀我们的同胞，给国家、民族带来了深重的灾难……

高亢型是指语调高扬、大起大落、语速快、节奏流畅、音色明亮、重音与停顿较多的一种节奏。一般会适用于激昂、鼓舞，调动听众士气的演说中。例如：

亲爱的朋友们，如果您也认同我所讲的内容，那么请您伸出您的右手，举高举直，然后手握拳头，做一个下拉动作，大声说：“yes！”

四、变声传神

演说中为增强语音的表现力，营造出一种能感人肺腑、煽情的效果，演说者往往会在演说时使用到另一个发声表达的技巧——变声传神。变声传神是指演说者根据演说情感起伏变化和演说故事内容的需要，发出一些拟声、颤音、拖腔等声音，力求营造一种真实的场景，让听众能有一种身临其境的感觉。

1. 拟声

拟声顾名思义就是模拟自然界的声响。演说者根据演说所描述的事物，模拟并发出与描述事物相似的声音。比如演说中讲述一个故事，演说者需要给听众描绘出一种身临其境的感觉时，就需要绘声绘色的模拟出故事中的某些声响效果，这就是拟声表达。

例如 在我面前走过一辆马车，拉马车的马脖子上都系着铃铛，只要马每走动一步，铃铛都会“铛铛铛铛铛铛”的发出声响。

2. 拖腔

拖腔是指演说者故意把字句后面的语音音调有意的延长。拖腔的使用能让语句听起来更加柔和委婉，能增强感情色彩所占的比例。

例如 他一直想去，可是现在让他去，他却在一直拒绝，难道上次说的想去是假的？

3. 颤音

颤音是指演说者把原本属于正常发音的字词，运用嗓子和口腔共鸣发出闪烁、抖动的声音，这种声音尽量做到像琴弦在颤动的效果。演说中颤音的使用，往往更能表达情感，更容易感染听众，也更容易使演说者与听众共同进入角色。

例如演说关于感恩母亲的演说，演说者讲到动情之处时，会大声的用颤音喊出“妈……妈”。

第六节　魅力发声之声音表达综合练习

通过前面几节的讲解，我们已经学习了发声系统的“共鸣腔”、语音的“声母发音”、“韵母发音”，以及“发声表达技巧”，接下来这一节主要针对前面几节学习的内容进行综合训练。训练要求：练习者需使用前几节所讲解的方法运用到训练中。训练方法：朗读式训练法、描述式训练法、讲故事训练法、朗诵式训练法。

一、朗读式训练法

朗读式训练法的核心是速读，美国前总统亚伯拉罕·林肯曾使用过这样的训练方法，此种训练让他获得了空前的口才，为他从律师迈向了总统宝座打下了坚厚的基石。具体做法为低声→高声→快速→模仿角色→面对听众，也就是在刚开始的时候，先用低声速读，练习到低声速读没有问题时，就使用高声朗读，等高声朗读练习到运用自如时，就使用快速朗读，然后再进入角色、模仿角色进行朗读，最后面对大众朗读。练习文章《海燕》。

《海 燕》

——高尔基

在苍茫的大海上，狂风卷集着乌云。在乌云和大海之间，海燕像黑色的闪电，在高傲地飞翔。

一会儿翅膀碰着波浪，一会儿箭一般地直冲向乌云，它叫喊着，——就在这鸟儿勇敢的叫喊声里，乌云听出了欢乐。在这叫喊声里——充满着对暴风雨的渴望！在这叫喊声里，乌云听出了愤怒的力量，热情的火焰和胜利的信心。

海鸥在暴风雨来临之前呻吟着，——呻吟着，它们在大海上飞蹿，想把自己对暴风雨的恐惧，掩藏到大海深处。海鸭也在呻吟着，——它们这些海鸭啊，享受不了生活的战斗的欢乐：轰隆隆的雷声就把它们吓坏了。

蠢笨的企鹅，胆怯地把肥胖的身体躲藏在悬崖底下……只有那高傲的海燕，勇敢地，自由自在地，在泛起白沫的大海上飞翔！乌云越来越暗，越来越低，向海面直压下来，而波浪一边唱歌，一边冲向高空，去迎接那雷声。雷声轰响。波浪在愤怒的飞沫中呼叫，跟狂风争鸣。看吧，狂风紧紧抱起一层层巨浪，恶狠狠地将它们甩到悬崖上，把这些大块的翡翠摔成尘雾和碎末。

看吧，它飞舞着，像个精灵，——高傲的、黑色的暴风雨的精灵，——它在大笑，它又在号叫……它笑那些乌云，它因为欢乐而号叫！这个敏感的精灵，——它从雷声的震怒里，早就听出了困乏，它深信，乌云遮不住太阳——是的，遮不住的！

狂风吼叫……雷声轰响……一堆堆乌云，像青色的火焰，在无底的大海上燃烧。大海抓住闪电地箭光，把它们熄灭在自己的深渊里。这些闪电的影子，活像一条条火蛇，在大海里蜿蜒游动，一晃就消失了。

——暴风雨！暴风雨就要来啦！这是勇敢的海燕，在怒吼的大海上，在闪电中间，高傲地飞翔；这是胜利的预言家在叫喊：——让暴风雨来得更猛烈些吧！

二、描述式训练法

描述式训练法是借助措辞及运用丰富的情感把看到的景、物、人、事通过语言的描述表达出来，描述时尽量能让自己脑袋里面就能浮现出所描述的画面。描述使用得当不仅可以让演说者的话语具有感召力、具有影响力，还能让自己的话语激发听众产生共鸣。例如：

“夕阳西下的非洲大草原，富饶辽阔美丽多姿，碧绿的青草散发着迷人的幽香，各种动物在尽情地奔跑着、跳跃着，一切都显得那么生机勃勃。”

“云中的神啊，雾中的仙，神姿仙态桂林的山，情一样深啊，梦一样美，如情似梦漓江的水。”

“柳树舒展开了黄绿嫩叶的枝条，在微微的春风中轻柔地拂动，就像一群群身着绿装的仙女在翩翩起舞。夹在柳树中间的桃树也开出了鲜艳的花朵，绿的柳，红的花，真是美极了！”

“一个北风呼啸的黄昏，小镇上少有行人。天太冷了，丁举人家大院墙外的一个角落里，蜷缩着一个人，浑身肮脏不堪，头发乱蓬蓬的，他就是孔乙己。他那暗淡无神的眼睛，突然放射出一丝喜悦的光。对面的柴草垛边，丁举人家的大黄狗正在啃一块骨头。

‘肉！多乎哉？多也。’孔乙己一边自言自语，一边吃力地摸起一块石头，攒了攒劲儿，扔了过去。大黄狗颠着它那肥胖的屁股，尖叫着一瘸一拐地跑了。孔乙己急切地爬了过去，抓起那块带着泥土的骨头，擦也不擦，贪婪地啃了起来。他已三天没吃东西了，没有人愿给他东西吃。孔乙己美美地啃了一通，很舒服地倚在柴草上，向着西沉的太阳，幸福地睡着了。他做了一个好梦，梦见自己中举了，房子比丁举人家的还大，还好看。自己妻妾成群，儿孙满堂……第二天一大早，拾粪的王小二发现孔乙己已经死了，脸上还挂着一种古怪的笑容。”

三、故事讲述训练法

故事是演说中非常常见的一种内容选材，它的使用不仅可以让听众更乐意倾听、更加容易理解，而且还可以让听众从故事中能明白众多的道理。故事的讲述会有一定的要求，要求讲述者能做到声情并茂、绘声绘色、情节跌宕起伏、引人入胜。例如：

《马云的三次高考》

马云被无数草根创业者尊称为创业教父，也被无数的创业者所顶礼膜拜。

马云，一副棱角分明、消瘦奇特的脸型；一派特立独行、敢想敢干的做事风格；一腔热血、两肋插刀的古道热肠；他的种种言行，颇似一位纵横商海的江湖的传奇侠士。他看似比较普通，因为他的出身也和常人一样，他也经历过高考，也经历过失败、经历过被拒绝……他其实又并不普通，因为在他遇到挫折、舆论、压力、拒绝的时候，他选择的不是放弃，而是迎难而上，即使是屡战屡败，但是他依旧会选择屡败屡战……

马云一个名不见经传的小伙子，经历了第一次高考的失败之后他当过秘书、搬运工，后来曾踩着三轮车帮人家送书。有一次，他给一家单位送书时，拾到了一本名为《人生》的小说。小说讲述了一个农村知识青年高加林的曲折生活。高加林是一个非常具有才华的上进青年，他有着对理想执著的追求和对生活的向往，但是就在他追求理想的过程中，每往前走近一步，都会遇到一定的困难和阻力挡在他的面前，迫使他所有的努力不得不付之东流，又重新回到最初的起点……这样一部小说给当时的马云有了很大的刺激和感悟。马云从这样的一部小说中感悟到，人生的道路很漫长，而且道路一直都可能是崎岖不平，坑坑洼洼，到处都充满着泥泞；时而会经历高山，时而会跌落低谷；只有人生坚持往前，不放弃、不抛弃，就一定可以达到自己想达到的地方……从那以后，马云下定决心，他将要参加人生的第二次高考……

原本怀着满腔的热血和激情迎接人生第二次高考的成绩，结果最终的分数让马云和心目中的大学又擦肩而过了。这一次的高考失利，马云失落了；原本还抱有一丝希望的父母也跟着失望了……

就在马云有一丝心灰意冷、沮丧万分的时候，这样的一部电视剧《排球女将》出现了在马云的视野中。电视剧中的积极上进、永不言败的主人公小鹿纯子的出现，又再一次燃起了马云心中的激情和渴望。就是这样的一种"永不言败"的精神重新点燃了马云心中的梦想——一定要考上大学。从此之后马云不顾家人的极力反对，毅然开始了他人生中第三次高考的复习准备。这一次的高考，对于他来讲，是异常的艰难，因为家人的不同意，马云只得白天上班，晚上上补习班。每到周日他都会特地赶早一个小时到浙江大学图书馆博览群书。

虽然马云学习一直很用功用心，但是数学一直属于他的弱项，也将是他高考分数的一个拦路虎。就在高考前夕，曾辅导过马云一位老师对马云说道："马云，你的数学一塌糊涂，如果你能考及格，我的'余'字倒着写。"就是因为这样话语的刺激，马云更加坚守"永不言败"的精神，更加的刻苦努力，在高考数学的那天早上，马云一直死记一些数学公式，在考试时一个一个的套用，终于功夫不负有心人，他从曾经数学分数的1分、19分，提高到了79分。这一次分数的提升，为他考上大学奠定了很高的基础，最后他也顺理成章考上了大学。

马云三次的高考，经历了常人没有经历过的辛酸，但就因为这样的辛酸也磨炼出了马云的一种宝贵意志，这也将是他人生中宝贵的精神财富。

四、朗诵式训练法

朗诵式训练法是指用清晰、响亮的声音结合文章作者的情感把原本诵读出来；当可以熟悉诵读之后尽可能进行脱稿背诵，最好借助眼神、手势、情感等体态语辅助吟诵作品，从而力求引起听众共鸣。

《相信未来》

食指

当蜘蛛网无情地查封了我的炉台，
当灰烬的余烟叹息着贫困的悲哀，
我依然固执地铺平失望的灰烬，
用美丽的雪花写下：相信未来。
当我的紫葡萄化为深秋的露水，
当我的鲜花依偎在别人的情怀，
我依然固执地用凝霜的枯藤，
在凄凉的大地上写下：相信未来。
我要用手指那涌向天边的排浪，
我要用手撑那托起太阳的大海，
摇曳着曙光那支温暖漂亮的笔杆，
用孩子的笔体写下：相信未来。
我之所以坚定地相信未来，
是我相信未来人们的眼睛。
她有拨开历史风尘的睫毛，
她有看透岁月篇章的瞳孔。
不管人们对于我们腐烂的皮肉，
那些迷途的惆怅，失败的苦痛，
是寄予感动的热泪，深切的同情，
还是给以轻蔑的微笑，辛辣的嘲讽。
我坚信人们对于我们的脊骨，
那无数次地探索、迷途、失败和成功，

定会给予热情、客观、公正的评定，
是的，我焦急地等待着他们的评定。
朋友，坚定地相信未来吧，
相信不屈不挠的努力，
相信战胜死亡的年轻，
相信未来，热爱生命。

第五章

演说控场与互动技巧

第一节　演说现场之控场技巧

一名优秀的演说者如果想让自己的演说能从头至尾都能深深地打动和吸引住听众，这不仅仅需要对演说的内容做到条理清晰、逻辑分明、要点突出；对演说表达做到自然流畅、热情且具有感染力；还需要演说者做到对整个会场氛围的把握与控制。

所谓演说会场氛围的把握与控制，其实是指演说中经常所讲到的演说现场的控场。无论是什么样的演说，现场听众的情绪、注意力及会场的气氛、秩序随时都有可能会在演说的过程中开始发生不同的变化，那么对于整个会场的核心人物演说者而言，演说者应具有义务和权利去有效地调动和把控听众的情绪、去集中听众的注意力、去驾驭全场的气氛，保证整个会场的秩序、氛围都向有利的方向发展，最终促使整场演说的顺利圆满完成。演说者如何才能有效的把握与控制整个会场的情绪与氛围呢，那就需要借助一定的控场技巧来帮助实现。演说中常用的控场技巧有以下七种。

一、气场控场

“气场”属于一个比较抽象的概念，也许三言两语无法解释得非常清楚，但在现实的生活中它的确是存在的。运用简单思维方式去理解的话，气场就像地球上存在的磁场一样，虽然看不见、摸不着，但它却能被无形感知和震慑。演说中所提到的“气场”，其实是指演说者从登台的那一刻起，在整个演说过程中所呈现出来的一种气质和精神状态，这一种状态是源自演说者自身由内而外散发出来的一种魅力和感觉。在很多的大型演说中，演说者需要面对几百、上千人甚至上万的人演说，在面对如此众多的听众时，演说者如果从登台到演讲所呈现出来的是一副萎靡不振、蹑手蹑脚、畏畏缩缩的精神状态，我相信今天的演说效果应该会立减一半；因为演说者的状态越差、气场越不足，那么听众将可能会反客为主，场面难以把控。为了避免以上情况的发生，演说者从登台一开始就必须营造出一种“山雨欲来风满楼”的阵势，让台下的观众瞬间被台上的演说者所震惊和吸引住。为了打造出良好气场，演说者可以考虑从自身的站姿、眼神、服装等方面入手，去精心设计与锻造属于自己的一种强大气场，具体如下：

演说者“登台”应做到虎虎生威、气宇轩昂。

演说者“行走”应做到时而健步如风、时而稳如泰山。

演说者“眼神”应做到眼光如剑、气定神闲。

演说者“双眉”应做到双眉如弓、卧似蚕眉。

演说者“发型”应做到彰显尊贵、个性十足。

演说者“情绪”应做到热情饱满、蓬勃向上。

演说者“表情”应做到和颜悦色、大开大合。

演说者“站姿”应做到昂首挺胸、挺拔如松。

演说者“语言”应做到逻辑清晰、洪亮圆润。

演说者“动作”应做到稳重大器、相得益彰。

演说者“服装”应做到大方得体、彰显气质。

二、目光控场

目光控场是指演说者运用眼神目光与听众眼神目光接触的刹那进行的一种有效的控场。

演说者在整场演说会中，目光随时随地都在关注着全场的听众、洞悉着全场的氛围和听众的情绪。如果会场中听众情绪出现走神或异样的时候，眼神目光其实可以起到很好的一种控场效果。比如听众中如果有人在高声打接电话，演说者可以使用目光聚焦，对此人起到警示作用；听众中如果出现躁动不安、交头接耳时，演说者可以用警示的眼神进行提示；听众中如果出现异常的兴奋时，演说者也可以使用警示的眼神进行提示……

三、声音控场

声音控场是指演说者在演说的时候运用声音的抑扬顿挫、轻重缓急来对现场听众的情绪和会场氛围进行有效控制。

1. 演说者在讲到精彩部分的时候，可以故意把语速加快或放缓，使全场听众的情绪、思维随着自己的声音快慢变化而发生变化，最终实现演说者引导着听众情绪和有效控制现场氛围的效果。

2. 演说者如果遇到现场听众情绪比较低沉的时候，可以采用提高音量或突然停止说话的方式让听众注意力开始聚焦。

3. 演说者如果遇到现场气氛相对有些嘈杂、不安静的时候，演说者可以故意压低声音音量或者突然停止说话，这也可以很好地做到聚焦所有人的注意力和起到对现场氛围的控场作用。

四、内容控场

内容控场是指演说者根据现场听众的情绪反应做出对演说内容的删减、增加，从而起到的一种控场。

演说的过程中听众如果出现了心不在焉、情绪下降、注意力不集中的时候，有可能是演说的内容让听众感觉乏味、失去了兴趣；演说者此时需要快速做出对演说内容的有效调整，或是增加一些有效、有趣的内容，或者是删减掉一些枯燥乏味的内容，从而实现再次抓住听众的思绪。比如在会场中有同学起来发言的时候，台下的部分同学便开始交头接耳、议论声不断，此时的演说者可以考虑在这位同学发言结束之后，增加一点内容。

同学们，如果我们演说会场的外面此时此刻有很多人在外面吵闹，已经严重影响到我们的演说会，请问："你们觉得那样的吵闹声吵吗？"同学们的回答肯定都是"吵"。那么如果外面吵闹的那一群人都是我们最亲最亲的人，请你们告诉我："你们还觉得吵吗？"为什么同样的嘈杂声，换了当事人，你们的回答就发生那么大的变化？各位，如果今天站在台上发言的同学就是你们最亲最亲的人，请你告诉我："你们是否应该像尊重亲人一样，保持安静地听他把话讲完，给他一些尊重呢？"

五、动作控场

动作控场是指演说者在演说中借助无声肢体语言对现场情绪起到的一种把控。比如需要示意全场停止鼓掌并保持安静，可以使用双手手心往下按的动作进行示意；需要调动听众情绪时，可要求听众跟随自己举起双手进行一起互动。

例如各位，请把你们的右手借给我好吗，请举高举直，然后向你前后左右的同学挥挥手，大声的说："HALLO"；请把你的右手借给我，拍打一下你右边同学的肩膀，大声的告诉他："你是最棒的，你是最优秀的"。

动作控场在演说中的使用比较常见，演说者可以挖掘出属于自己特有的动作，以便可以随时调动场上的气氛，控制场上的局面。

六、音乐控场

音乐控场是指演说者在演说中使用不同类型的音乐、在不同的环节进行播放，从而起到对现场听众情绪、氛围的一种把控。比如：需要提示听众应该鼓掌的时候，鼓掌的背景音乐便可起到一个引导的作用；需要让听众很兴奋、很紧张的时候，便可播放紧张急促的背景音乐；需要让听众悲伤落泪的时候，可以播放低沉、伤感的音乐等等。如今很多大型演说会，音乐的使用非常频繁且实用，所以演说者可以准备一些适合自己演说的背景音乐，从而可以实现更好的控场。

七、互动控场

互动控场是指演说者邀请听众与自己进行语言或肢体上的互动，从而达到吸引听众注意力、把控现场氛围的一种控场。互动一直都是演说中一个不可或缺的技巧，互动的使用不仅可以贯穿演说的始末，而且还可以起到非常好的控场效果。比如会场听众出现情绪比较疲惫的时候，可以邀请听众走上舞台与自己互动；演说者可以向听众抛出问题；可以邀请听众登台模仿某些动作；可以让听众上台进行角色扮演等。

第二节　演说现场之动作式互动技巧

一场演说可以是 1 分钟，可以是 10 分钟，也可以是 100 分钟。在这或长或短的时间内，听众是否可以随时都保持激昂不减、神采奕奕、满心欢喜的情绪，这其中很大一部分因素除了受演说内容等因素的制约之外，还将会取决于演说中演说者与台下听众之间的互动效果。

互动一直都是演说中比较重要的一个板块之一，互动效果的好坏不仅可以影响到演说者与听众的情绪，还可能会牵连到整场演说的效果。演说中互动的技巧是多种多样的，其中最为常见的为以下三种“动作式互动技巧、提问式互动技巧、共鸣式互动技巧”。

动作式互动技巧是指演说者发出指令去要求或引导听众做出相应的肢体动作从而进行有效的一种互动；其目的是让演说者与

听众之间、听众与听众之间能起到有效的肢体同步、思维同步的效果。动作式互动技巧中经常使用到的一些动作有鼓掌式互动、举手式互动、挥手式互动、握手式互动、拍打式互动等。

一、鼓掌式互动

演说者在任何一场演说中，都可能会遇到比较热情、狂热的听众，他们的掌声总是像狂风暴雨一般，紧锣密鼓的响彻整个会场；也有可能会遇到比较冷漠、含蓄的听众，他们的掌声就像冬季的星空一般，星星总是那么的稀稀落落。一个优秀的演说者，无论面对热情还是含蓄的听众，都有责任与义务去鼓动去点燃听众的热情，让他们释放出自己内心的激情，从而让整个会场总是被此起彼伏的掌声与欢呼声所包围。掌声的多少虽然并不能完全体现出演说效果的好与坏，但是掌声激烈程度，可以直接反映出演说者现场互动的效果和听众当时的情绪与状态，所以演说者在演说当中可以适当加入鼓掌的互动方式以提高士气。

鼓掌式互动分为直白煽动型与含蓄煽动型两种。

直白煽动型是指演说者在面对听众没有自发鼓掌的时候，可以“赤裸裸”直接的告知听众寻求掌声，这种叫作直白煽动型鼓掌。例如：

“各位同学，大家晚上好！如果你富有满腔的激情与充沛活力，那么请举起你们的右手，举高举止，然后手握拳头做一个下拉的动作，大声地说YES，同时请再次响起热烈的掌声鼓励一下这么积极上进的自己，谢谢。”

“俗话说得好，金掌、银掌，不如我们大家的双掌，所以我提议，请各位同学请伸出你们热情的双掌，用我们最最热烈的掌声和最最热情的欢呼声送给我们刚才这位发言同学。”

“各位同学，在我们演说快要结束之际，我提议响起热烈的掌声，送给我们会务组织的每一位同胞，感谢他们这几天在幕后默默的付出，是他们为我们提供了这么热情的服务和这么干净的学习环境，所以响起你们最最热情的掌声吧。”

“各位，我想知道此时此刻你们状态还好吗？情绪还高涨吗？如果你们的状态还非常不错，情绪还依旧高涨，那就请用你们最热烈的掌声、最刺耳的欢呼声大声地告诉我！”

含蓄煽动型是指演说者在演说的过程中使用较为含蓄的、委婉的话语，让听众从话语中去理解其中的含义，从而使他们领悟之后自发的鼓掌，这种叫作含蓄煽动型鼓掌。例如：

“各位同学，在我来到贵校演说之前，我曾到过很多的高校做过演说，所到的每一所高校，同学们的掌声是那么的热烈、那么得热诚、那么的雷动，几乎他们鼓掌的时间一般都不会低于8秒钟……”

“如果我告诉你，一个人掌声激烈的程度，将决定他赚钱的速度；如果一个人的掌声越激烈，那么今年他的财运会旺、人气会旺、事业更会旺，那么你们将决定如何鼓掌。”

“谢谢各位稀稀拉拉的掌声，如果掌声可以用金钱来衡量的话，你们此时此刻的掌声最多也就只值半毛钱。”

“说到缺点，我其实也有一个，那就是一听到掌声就比较兴奋，一兴奋就讲得比较多，而且掌声越激烈我就越兴奋，越兴奋就讲得越好。”

鼓掌式互动的使用可以贯穿演说始末，一般可以参照以下时间段进行互动：演说会开场需要调动现场气氛的时候；演说会场出现冷场的时候；听众积极参与发言与互动的时候；需要赞美和鼓励听众的时候；演说会结束的时候。

二、举手式互动

举手式互动是指演说者对听众直接发出指令要求听众进行举手的一种互动方式。举手式互动在需要对听众进行调查、征询时可以使用。例如：

各位同仁，大家好！在今天的演说开始之前我想做一个小小的调查，今天是第一次听我演说的同学，请举手示意一下，哇……看来今天新来的同学真不少，大家请以热烈的掌声送给我们今天新来的同学！请听过我三次以上演说的同学举手示意一下，哇……看来忠实的粉丝也是不少，大家再次响起热烈的掌声送给我们这么多爱学习的老同学，谢谢。

三、挥手式互动

挥手式互动是指演说者对听众直接发出指令要求听众进行挥手的一种互动方式。挥手式互动在需要调动听众情绪时、活跃现场气氛时可以使用。例如：

亲爱的同学们，在演说之前，让我们来做一个小小的敏感度测试好不好？来……请把你们的左手右手借给我，当我数到三的时候，你们就把两只手合在一起，准备好了吗？一、二、三，好的，请双手合拢之后不要分开，请左手大拇指在上的同学挥手示意一下，据心理学家做过上千次的测试，左手大拇指在上的人是一个比较有魅力、比较自信的人，大家说要不要给予这一群有魅力、自信的人们掌声鼓励一下！请右手大拇指在上的人挥手示意一下，据心理学家做过两千多次的测试，右手大拇指在上的人一般是比较容易成功、比较容易赚到大钱的人，大家要不要给予这一帮能赚大钱的人、容易成功的人掌声鼓励一下，好的，谢谢！最后请左手右手两个大拇指并排放在一起的听众起身挥手示意一下，据心理学家做过上万次的测试，左手右手大拇指平放的人，既是有魅力、很自信、很容易成功，也容易赚到钱的人，大家要不要再次响起更加热烈的掌声对这一群容易成功的朋友鼓励一下！谢谢。

四、握手式互动

握手式互动是指演说者对听众直接发出指令要求听众进行握手的一种互动方式。握手式互动在需要对听众进行破冰、鼓励、赞美时可以使用。例如：

亲爱的同学们，请大声地告诉我，在你前后左右的同学你们都认识吗？你们是否希望通过今天一场演说，就想和大家成为很好的朋友、成为未来的合作伙伴吗？你们希望吗？如果你希望通过一场演说就能结识更多朋友、更多的合作伙伴，那请伸出你们热情的右手，我给你们30秒钟的时间，自己去找到你前后左右的同学握手示意，握手握得越多，朋友交得越多；握手越多，发财越多，同意的同学，就请高高举起你的右手开始左右互动一下吧。

五、拍打式互动

拍打式互动是指演说者对听众直接发出指令要求听众进行拍打的一种互动方式。拍打式互动在需要对听众进行破冰、鼓励、赞美时可以使用。例如：

各位同学，在我们生活中，你们觉得人际沟通的能力重要吗？你们想拥有吗？那你们是想现在就拥有，还是想回到家之后再慢慢拥有呢？如果你希望从现在开始就能拥有一种超强的沟通能力，那么请转头看看你左右两边的同学，请你们大声告诉我，他们优秀吗？如果你觉得坐在你左边右边的同学非常的优秀、非常的上进，而且非常有可能会成为未来出色的演说家，那么请把你的右手借给我，放在右边同学的肩膀上，拍拍他的肩膀，大声地告诉他：“你是最优秀的，你是最棒的！”

第三节　演说现场之提问式互动技巧

提问式互动属于演说中使用频率较高的一种互动方式。它的使用非常地灵活，演说者可以在演说的开场、中场、结束的过程中根据听众现场状况，随意的穿插使用。此种互动方式的特点属于比较直接、快速、灵活、有效，能在极短的时间内迅速抓住听众的眼球和思维，能够快速起到一种非常好的互动效果。

提问式互动在演说中分为封闭式提问、开放式提问、引导式提问三种类型。

一、封闭式提问

封闭式提问是指演说者提出具有限制性答案的问题（可供回答的答案只有两种选择，俗称二选一），让听众在不需要进行过多思考的情况下就能快速选择性做出回答的一种问答互动方式。演说中常用封闭式提问句型有好还是不好、是还是不是、要还是不要、同意吗、希望……还是希望……、想要……还是想要……

1. 好还是不好；是还是不是

例如亲爱的各位同学，大家好！据统计数据显示，2016 年全国高校毕业生的人数已经达到 800 万人次。在这么庞大的毕业生中，没有找到满意工作甚至没有找到工作的人占了相当一部分，同时还将会有跳槽再求职的人员也在进行着激烈的求职竞争……从就业严峻的庞大数据中可以看看到，当今大学生的就业已经出现了比较严峻地形式，现如今在校的你们，再过两年也将走出校门，踏入社会开始就业，请你们告诉我，你们现在都做好准备了吗？

从我工作、创业这些年的经验及社会发展需求来看，当代大学生之所以会出现毕业就失业、工作难找，那是因为在上学期间缺乏学习锻炼一样技能——演说口才。当代社会无论是企事业单位、外企、私企、他们都需要各式各样的人才，那么如何理解人才？从我做公众演说的角度认为：人才不一定要有口才，但有口才的人一定是个人才。大家说是还是不是？生活中各行各业都需要能说会道的人员，推销产品、推销自己需要口才；展会推广需要口才；公众谈判需要口才；求职应聘需要口才，如果大学生能在毕业之前就练就了一身娴熟的公众演说的能力，我相信求职应该会相对容易不少。所以我特地进入高校持续不断的开设公众演说培训班，力求能培训出更多具有优秀演说口才的人才，让更多的大学生能在毕业之时增加找到满意工作的筹码，大家说好还是不好？

2. 要还是不要；同意吗

例如亲爱的各位同学，今天你能来到演说培训的现场，我相信你是一个积极上进的人，你同意吗？同时，你能在周末放弃出游的时间来学习，你的内心是非常渴望改变，非常希望能学到知识，早点改变自己命运，进而改变家族的命运，同意吗？既然你有这样的恒心，有这样的毅力，请你告诉我，如果想要学会公众演说要不要全力以赴啊，要还是不要？

3. 希望……还是希望……

例如我记得于2014年9月份我参加了一个经济论坛。当时我遇到了很多知名企业的老总，于是我非常虔诚、虚心地向我身旁的一位成功老前辈请教他成功的经验，他笑嘻嘻地看着我说："年轻人，等你到了我这个年纪，你就会一样成功了"。他的这个回答，我其实并不满意，我当时就在想，为什么一定要等到了50岁、60岁才可以成功呢？为什么不可以在40岁以前就成功呢？如果有得选择，我一定选择越早成功越好！所以请问各位同学，你们是希望越早成功比较好呢？还是希望等到你60岁成功比较好呢？你将选择前者还是后者呢？选择前者的同学，请举起你的右手，然后做一个下拉动作，大声说YES！

4. 想要……还是想要……

例如今天的选择与今天的努力将决定你未来的生活。有些人一毕业就选择了创业，在未来五年、十年之后，可能就住进了别墅、开上了豪车；有些人一毕业就选择了工作，也许在未来五年、十年之后，可能还按揭房贷、挤着公交车上下班。请问，这样的生活，你们想要哪一个？是想要住着别墅、开着豪车？还是按揭房贷、挤着公交车？是想要前者的生活；还是想要后者的生活？如果你想要前者的生活，那么我希望从现在起，你应该调整自己状态、规划好自己的人生，从此刻开始出发。

二、开放式提问

开放式提问是指演说者提出没有固定标准答案的问题，引发听众发挥自由想象的空间，等听众做出回答之后，再由演说者公布答案的一种问答互动方式。此种互动方式主要以吸引听众的注意力为主，让听众的思维积极活跃并高度参与思考，从而实现演说者与听众间互动的效果。例如：

1. 亲爱的各位同学，大家好！在我踏上这个舞台之前，我见过了你们学院的院长，他给我讲的一席话，让我的内心非常的激动，且久久不能平静。各位，你们猜想一下院长他告诉了我什么？院长对我说："你将面对演说的这一帮同学，都是非常优秀、积极上进的同学；希望你能够认真的准备，能把你这些年所见、所闻、所感悟的东西都能分享给同学们；我真心希望他们能从你的演说中得到启发、有所改变；更希望通过一场演说，让同学们更加的努力学习，让自己变得更加的优秀。”同学们，当我听完你们院长这一席话的时候，我被感动了；我真心的觉得，你们能有这么一位关心你们成长、成才的院长，我真的替你们高兴，也替你们感到很幸福；所以我提议，让我们大家响起最最热烈的掌声来送给关心、关怀我们大家的院长；同时也感谢学院老师、同学们对此次演说会的筹备、付出。

2. 各位同学，在演说正式开始之前，我想请大家先看看投影仪上显示的这四张图片，大家可以尽可能发挥自己的想象，想象一下图片上面的图案是由什么构成的？是的，从你们的回答声中可以听到有很多种不同的答案，不过答案都不正确。图片当中的晶体到底是由什么构成的呢？它是由水的结晶体所构成的，为什么看似没有生命迹象的水，却能变成四种不同图案的结晶体呢？这就是我们今天将要分享的内容“水知道答案”。

三、引导式提问

引导式提问是指演说者提出与听众具有共识答案的句子，演说者只说出上半句内容，而后去引导听众自觉的回答出下半句的一种引导互动方式。使用此种互动方式时需要确保听众在知晓答案的前提下使用比较适宜。例如：

1. 各位同学，如果你真心希望能突破内心对舞台的恐惧，也真心想锻炼自己的一种胆量，我建议你一定要大胆地走上舞台进行公众演练；也许刚开始台下的听众可能会对你吹口哨、喝倒彩，但是我希望你不要被他们的这种负面情绪所影响，而是希望你能正面积极地去看待他们的这种情绪，同时也希望你能有一种阳光的心态去面对，无论他们是吹口哨也好、喝倒彩也好，你都尽量做到“听众虐我千百遍，我待听众如……（初恋）。

2. 大家是否还记得，于2008年8月，中国首都北京迎来了一次非常盛大的运动会，大家还记得叫什么吗？对的，第29界奥林匹克运动会。

3. 中国有句古话是这么说的："读万卷书，不如……行万里路，不如……高人指路，不如……对的，名师开悟"。所以各位同学，在你们上大学期间，我建议你们首先是应该多学习、多读书，因为书中自有颜如玉、书中自有黄金屋；其次是如果有机会的话，可以利用寒暑假的时间多去参加社会实践、四处走走、四处看看、接触不同的人、提早融入社会；因为在这样的情形下，你完全可能会遇到很多比自己优秀的前辈、高人，同时他们之中还很有可能就会是你生命中的那位让你开悟的名师，如果遇到名师之后最好能和他成为朋友，因为这样的话，你会逐渐变得和他们一样的优秀，你们同意吗？同意的同学，请大声确认说YES！最后希望你们能按照刚才所说的去遵循，相信你们一定可以变得更加的优秀。

4. 各位同学，演说进行到这里，在讲下一个要点之前，让我们大家先回顾一下刚讲过的三个知识点。大家请告诉我，第一点是……是的，第一点是拥有积极的心态；第二点呢……是的，敢于主动推销自己；第三点呢……不断的练习、模仿；OK，非常不错，如此看来大家已经对刚才的知识点熟记于心，接下来让我们共同分享第四个要点……

第四节　演说现场之共鸣式互动技巧

演说中的共鸣式互动是指演说者与听众之间的思维、情感、情绪、心理感应、审美趣味等因素形成了一定的共识，从而促使听众与演说者的思维、情感、情绪、语言表达等能出现同步一致的一种现象。这种现象可简单理解为演说者与听众的思维频率达成一致,行为方式达成一致;演说者让听众做什么听众便会心甘情愿的跟随做什么的一种互动方式。这种共鸣式互动的表现形式有朗读式互动、游戏式互动、音乐式互动三类。

一、朗读式互动

朗读式互动是指演说者发出指令后让听众跟随朗读或者听众自发齐声朗读的一种互动方式。例如:

1. 各位同学,演说中除了需要做到开场语惊四座、内容余音绕梁、结尾铿锵有力之外,还需要在演说的语音、语言的表达方面进行一定的练习。语音的发音清晰洪亮、圆润悦耳,语言表达字正腔圆、精确无误,想必一定能为自己的演说增色不少;所以各位同学在接下来的学习中除了练习演说中的其他技巧之外,还应该加强对语音发音、语言表达的练习,力求做到字正腔圆、声音洪亮、悦耳动听的效果。接下来请大家看看投影上面呈现的这一段文字。这主要是针对语音发音和语言表达练习的文章,接下来我将请一位同学,用我们之前讲过的一些发音表达方法把文章朗诵出来。

2. 各位同学,请你们告诉我:"沟通的能力在如今的生活中、工作中、学习中重要吗?"你们觉得自己是否已经掌握和具备了强有力的沟通能力与技巧呢?

如果你真心希望自己能掌握和拥有强有力的沟通能力和沟通技巧,那么请你先回答我一个问题:"沟通是应该让对方先接受自己说话的内容,还是应该让对方先接受自己说话的态度?"我相信答案不言而喻已经知晓,沟通一定是让对方先接受自己说话的态度,再让对方接受自己说话的内容。所以接下来请你们认真写下这样的一段话："沟通是人与人之间相互的一种行为，想要练就和拥有强有力的沟通技巧，首先应该练就一张嘴角上翘的笑脸。"我们中国的一位国学大师翟鸿燊老师在讲到沟通课程的时候，曾提及过这样一段话："人际沟通最忌讳的就是一脸死相，我要对我自己这张脸负责，不能因为我这张脸阻碍了企业的发展、人脉的拓展、企业的和谐、家庭的氛围和团队的气氛。"各位同学，你们觉得这段话讲得有道理吗？如果觉得有理，请举起你的右手，手握拳头，做一个下拉动作，大声确认说YES！同时，请大家再次跟随我一起朗读一次。人际沟通……

二、游戏式互动

游戏式互动是指演说者要求或引导听众（包括听众与听众之间）做一些肢体上、语言沟通上的互动，通过邀请听众上台表演、邀请听众进行模仿、邀请听众进行场景模拟等形式，让听众在互动时自然融入演说的环节当中，同时也通过类似的互动形式让听众从中去感悟一定的道理、引发更多的思考，进而也起到一种调节现场氛围的效果。例如：

1. 人其实都具有双面的情绪，一面为积极乐观的情绪，一面为消极负面的情绪。作为一个积极上进的演说者，在很多的演说活动中，难免都会遇到一些比较尴尬和棘手的事情。比如听众中可能会出现故意挑衅的听众，扰乱会场的秩序；演说会场突然停电、话筒突然失去声音；突然在舞台上摔倒等。如果遇到这样的事情之后，演说者应该如何面对和继续保持一种积极乐观向上的情绪呢？其实方法非常简单，那就是……在揭晓答案之前，首先请两位同学上台做一个小小的互动，等互动结束之后大家就能明白了其中的道理了……

各位，通过这小小的互动我们可以从中得到一个答案，那就是作为一个积极上进的演说者，无论遇到任何让你尴尬棘手的事情，你都应该往正面积极的方向去思考，而后你整个人的状态、情绪就变得积极、阳光且充满正能量。换句话说，就是要让你积极的正能量大于你消极的负能量。同意吗？同意的同学，请大声的确认说YES！

2. 各位，此时此刻请把你们的右手借给我好吗。请高高举起你的右手，OK，做的非常的不错，接下来请把你的右手像我一样放到自己下巴上面；OK……放好之后，请不要动，请扭头看看你四周的同学，看看他们的手都放在什么位置呢。

各位同学还记得吗，我刚才说的是请把你的右手放在自己的下巴上面，但是为什么有些人会把自己的右手放在自己的额头上呢？对啦，有的同学说："老师啊，你不就是这么做的吗？我们就是照着你的动作在做啊。"同学们，我刚才让你们把右手放到下巴上的时候，我曾做了一次演示；紧接着我就把手移到了额头上面，我把手移到额头上的目的是想看看在座各位是否都已经把手放好，但是我发现很多同学怎么也跟着我就把手移动到了额头呢？好啦，各位同学，请大家把手放下。从刚才这个小小的互动当中，不知道在座的各位是否从当中领悟到了什么？我刚才用语言引导的方式让大家把右手放到下巴上面，这个是否可以称为言教？同意吗？紧接着我用手也做了一次演示，这个是否可以称为身教？同意吗？从这个小小的互动中可以得知，你们在传递信息的过程中认为言教比较重要呢？还是身教比较重要啊？还是两者都重要？

所以亲爱的各位同学，如果你们希望在你的演说当中能给听众带去更多的活力、更多的快乐、更多的激情，那么你需要做到的不仅仅语言的引导，更重要的是要用你的行为、情绪去带动、去影响大家，最终力求做到身教与言教合二为一，可以做到吗？

3. 各位同学，我刚刚已经分享完演说会场中常用的动作式互动技巧，不知道是否有同学希望马上就把理论结合实践，到舞台上来现场演示一下呢？有意愿的同学请举手示意一下……接下来我们将从举手的同学中选择三位登台实战演示刚刚所学习的动作式互动技巧，掌声有请三位同学。

三、音乐式互动

音乐一直属于演说会场中不可少的一个元素，它可以通过音乐特有旋律去带动现场的气氛，也可以让现场听众的情绪随着音乐的起伏时而高涨时而低落。演说中的音乐式互动其实是指运用音乐作为演说或互动的背景，引导听众在背景音乐下参与并融入互动情景的一种互动方式。音乐式互动运用比较灵活，演说的开场、鼓掌、互动、中场休息、演说结束等环节都可以使用。

1. 演说开场

例如各位同学、大家上午好！在演说开始之前，请全体起立，请所有同学向右转，请把你们的双手搭在前面一个同学的肩膀上面，接下来大家跟随我们音乐的节拍，拍打一下你前面同学的肩膀，也可以给你前面的同学按摩一下，同时请跟着我一起说："拍拍你的肩，赛过活神仙；拍拍你背，财富番十倍……"（做此类互动的时候如果可以邀请几位听众上台示范效果更佳）

2. 鼓掌

例如对于走上舞台的同学而言，掌声便是对他们最好的肯定与鼓励，所以请所有同学响起最最热烈的掌声送给我们刚才上台发言的同学。（此时可以响起鼓掌背景音乐）

3. 演说结束

例如同学们，我们的演说就快要结束了，在结束之际，我想对大家提出一点要求，那就是回家之后应懂得爱的表达，在自己的亲人面前懂得把爱的语言表达出去，不要羞涩、不要害怕、不要不好意思。

你们是否知道，你们曾经年轻美丽的母亲和父亲，至从你来到这个世界之后，他们几乎放弃了所有的爱好，没有再去唱过歌，没有再去过 KTV……他们在上班的路上想着你，在回家的路上想着你，当你生病去医院时候，为了你都可以给医生跪下了……他们为了你，付出了很多，而且从来没有要过面子……因为他们对你们所呈现出来的都是满满的爱。

你们是否知道，当今的父母很不容易，他们要忍受多大的压力，要忍受挣钱的压力，工作的压力……可是他们并没有在你们面前吐露一句苦水……因为他们知道这就是对你的一种爱。

所以同学们，我想请你们扪心自问一下，你爱你们的爸爸妈妈吗？如果你爱他们，那就请你用最大的音量，大声地喊出来："爸爸妈妈，我爱你们；爸爸妈妈，你们辛苦啦。"最后希望你们回家之后要懂得爱的表达、爱的传递。

第五节　演说控场与互动技巧练习

请为下面演说段落设计与增加互动环节，演说字词、段落、内容可以增减，文章顺序可做调整。

《梦 想》

经贸科技大学的同学们、充满活力与激情的年轻朋友们！大家上午好！

我叫袁智，来自重庆佐漫文化传播有限公司。今天非常高兴能来到这美丽的大学校园与在座的各位同学共同度过接下来的两个小时，在接下来的两个小时里我将与各位分享一个主题《梦想》。

在这里我想先问问各位同学，你们拥有梦想吗？

如果你拥有自己的梦想，请举起你的右手挥手示意一下。

我曾经问过很多同学："你们的梦想是什么？"

他们的回答让我很震惊："我没有梦想，我不知道我的梦想是什么……"

如果一个人连自己的梦想都丢失了，那将会像迷失方向的游轮，在宽阔无尽的大海上开始随波逐流……

亲爱的同学们，我再问你们一次，"你们拥有梦想吗？"

曾经有人问过我："袁智，你的梦想是什么？"

我告诉他们"我的梦想很多，我想当一名大学老师、想拍电影成为一名演员、想当T台与平面模特、想开属于自己的公司、想进入外事外交部门工作、想说一口流利的韩语与英语……"；当他们听我说完这些之后都被惊呆了，说道："你的梦想太多了，实现起来可能太难了。"的确我的梦想是多了一点，不过我今天可以站在这个舞台自豪地告诉他们，以上我曾经的梦想，我都逐一地实现了，我都已经做到了。同时我还想告诉他们，我接下来的梦想，那就是成为一名优秀的演说家，我要一直活跃在舞台上，去传递更多的正能量、去影响更多的人，去告诉他们梦想的力量，梦想可以改变自己的命运，梦想可以让自己找到前进的方向。

今天，我想告诉同学们："人生不要怕梦想太多，不要怕很难实现;我相信事在人为、人定胜天;你只要为自己设立下一个梦想、下一个目标,为之去努力、去奋斗;只要坚信、坚持就可以会有实现的那一天。"

今天我之所以能站在这里和大家进行分享,这也都归功于我内心种下的那个梦想,我把这种追求梦想的动力称之为"梦想的力量"。

人生需要梦想,只要有了梦想,人生就可以活得很快乐、很充实、能找到前进的方向!同意吗?

亲爱的同学们,我相信你们是你父母未来的骄傲、学校的骄傲、国家的骄傲;你们应该为自己设立一个梦想、下一个梦想、再下一个梦想、然后一个一个的去实现它!让你的梦想都变成现实!好吗?

今天学校组织这样一个大型的演说会,目的就是希望通过一场演说能让你们能够再次燃起内心的激情,找到你们真实的自己,重新燃起心中的梦想,找到人生前进的方向。

我们大家是否应该为能有这样的好学校、这样重视人才的领导和老师们、说一声谢谢!用我们热烈的掌声来感谢他们!!同时我们大家一起发自内心说一句:"thank you"。

同学们,人生的梦想我希望从此刻可以开始起航。如果你相信我,如果你想改变你的状况,让自己变得更加优秀、更加成功,那么请把你的右手高高举起,做一个下拉的动作,大声地说一句:"YES"。

我相信你今天开始的一点点改变,将会对你的整个人生将会有一定的影响,你的命运也会跟着发生微妙的变化,你的人际关系会发生改变、你的生活会发生改变、你的事业会发生改变。你的父母会为之而骄傲,你的学校也会为你自豪、你身边的同学都会为你喝彩……我相信，你也可以通过今天的演说，从中找到真正的自己，找到那个自信、强大、上进、努力、勇敢的自己。你的改变，会影响到身边的人，会影响到关心你的人和你关心的人，你身边的万事万物也会随着改变，我相信世界也会因为有你改变，变得更加的精彩！你将成为一个万众瞩目的焦点！同意吗？

同学们，在现实生活中，很多的人进入大学以后，逐渐遗失了自己最初的梦想，他们开始漫无目的的、浑浑噩噩、日复一日的浑浑度日，他们逐渐停止了成长、停止了进步、停止让自己变得更加的优秀的脚步……当面对生活中的挫折、生活中的不满意、生活中的不幸、他们开始抱怨，习惯开始寻找各种借口……他们会把所有阻挡前进的障碍都归结为没有聪明的大脑、没有钱、没有机会、没有好爸爸好妈妈、没有口才……这样的抱怨与借口越来越多，但从来没有想过试图去改变现状。

为什么宁愿选择抱怨，也不选择改变呢？

那就是害怕失败，害怕改变所带来的痛苦，你们害怕失败吗？

很多人都害怕遇到前所未有的困难，害怕付出十倍、百倍的努力之后最终却是一场空，害怕自己的努力总是得不到别人的认可、害怕自己被人嘲笑……同时自己潜意识中也不断地传递负面信息："我并不优秀，我不具备改变的条件，我真的太难……"

我想告诉各位，在实现梦想的道路上，你一定会遇上无数的打击、无数的失败、无数的痛楚、无数的怀疑、无数的无数……当遇到挫折时，你一定会有抱怨："抱怨我的道路为什么会这么曲折、为什么这样的烂事就总发生在我身上、为什么我就不能成功、为什么……我只想通过自己的努力，去改变我的一切，去改变我的处境、去改变我的家庭、改变我的命运；为什么……为什么……努力了之后，梦想的实现却还是这么难……"

作为年长你们的过来人，我想要告诉你们："奔向梦想前进的道路上不会一帆风顺，一定会有挫折、一定会有困难、一定会需要付出艰辛的汗水、一定会受到很多的冷嘲热风……不过这一切都会过去的，这一切的挫折、一切的不顺利，都不能叫作失败，最多只能被称做暂时还没有成功。"

我要你相信，只要坚持不懈，只要愿意改变，梦想一定是可以实现的。

从现在开始，你要做的就是，开始跟随成功人的脚步，因为他们的成功一定留下了很多成功的足迹，我们可以去借鉴和学习，这样可以让我们减少走很多弯路的时间。同时希望各位从今天开始养成和成功人成为朋友的一种习惯，因为人是属于环境中的产物，你和什么样的人在一起，你将会变成什么样的人。所以各位同学，从现在开始改变，从此时此刻开始改变吧。我希望你从此刻跟随成功人的脚步，开始改变你的想法、改变你的思维；你要开始渴望变成一个成功的人，努力不懈的人，去尝试你曾经没有做过的事情。我需要你能记住："做自己没做过的事情叫成长，做自己不愿意做的事情叫改变，做自己不敢做的事情叫突破。"

你要知道，伟大梦想的实现，并非只是卓越不凡、天资聪慧人的专属，它也是属于内心有一个坚定不移的信念，一个永不被浇灭的梦想，真心想着改变全力以赴的人，我相信你一定可以做到。

你要坚信一个信念，就代表一种可能性。未来无法预知的事情，任何奇迹都是有可能发生的！

就算在别人说"不"时，被人都不看好时，被人都反对时，你的内心还必须有一个信念，我有自己的梦想，我愿意为我的梦想努力，生命生生不息，我将一直奋斗到底！努力到底！

亲爱的同胞，我坚信你就是世界上的独一无二，you are best!

同意吗?

来吧,从现在开始做出改变,大声地和我一起说:“前进路上的困难、挫折、都将不再是问题,我将用百分之百的激情与积极的生活态度、面对未来、面对我将遇到的一切问题,不论情况有多糟,未来有多险恶,我都可以战胜,我可以办得到。I can fly!”

第六章

演说内容之表达技巧

第一节 演说内容之故事讲述技巧

美国第16任总统亚伯拉罕·林肯曾经说过:“演说就是讲故事,能通过故事来说明观点的演说才是好的演说。”

全世界著名的奥美广告公司曾调查发现:“听众在听完演说后的一个小时内,会忘掉演说中几乎一半的内容;听完演说经过一天之后,基本会忘掉演说中80%的内容;听完演说一周之后,基本忘掉了演说中95%的内容;而听众唯一记忆犹新的内容便是演说中所讲述的故事。”

故事一直都属于演说中最能打动人、最能影响人、最能引起共鸣、最具有说服力、最具有教育意义的重要演说材料。在任何一场精彩、震撼,能引起与听众共鸣的演说中,演说者一定会选择恰如适宜的故事、会选择比较典型的故事、会选择最具有共鸣效果的故事穿插其中。

作为一名优秀的演说者,如果希望演说能与听众产生良好的共鸣,那么自身需要谨记“演说需要讲故事,听众喜欢听故事”这一原则。同时演说者在讲述故事的时候还需要达到结构完整、主题明确、形象生动、绘声绘色、深入浅出、身临其境的一种效果。

演说中故事讲述的常用技巧如下。

一、细节描述具体化

“细节描述具体化”是指对故事中出现的“时间、地点、背景、人物、表情、心理活动、干什么、经过、细节等”方面的内容进行细致描述。这样做的好处是让整个故事的框架、人物、事件显得比较清晰、鲜活、完整;同时也能够较好的把故事场景呈现在听众的脑海当中。比如月薪上万的乞丐。

我记得那是在2011年11月23号下午4点30分的时候，我在深圳华强北一个大型超市出口的地方遇到了一个至今都让我难忘的一名男性乞丐。此人年龄大约四十上下、皮肤黝黑、身材修长，身高大约一米七五上下；身穿补丁衣裤、脚踏迷彩胶鞋、操着一口广东味很重的普通话……仔细一瞧只见此人拥有黢黑的头发、清瘦的脸庞，在清瘦的脸庞上高耸出两块非常明显的颧骨，就在颧骨的上方镶嵌着一对深邃、有神的眼睛；在那深邃、有神的眼睛上面又斜放着两片如剑一般的眉毛；眉毛的下方是那清晰可见的高高鼻梁和厚厚嘴唇，嘴唇与鼻梁之间留有长短不一、稀稀拉拉的胡茬……

"靓仔，能否发发善心，给我一元零钱?"就是这样的一句话，让我循声望去看到了一个四肢健全、长相憨实、满脸堆着笑容、眼角露出深深鱼尾纹的一名乞丐，手捧着瓷碗站在一个年轻小伙子的面前。

只见小伙子一脸严肃的表情看着乞丐，然后抬起右手一挥便说道："你看看大街上人来人往有那么多人，你不去找他们要钱，为啥偏偏找我要钱?"

乞丐听罢，腰一弯，笑嘻嘻地回答道："靓仔，您有所不知，刚才我用肉眼一看，就知道您是我要找的目标客户，所以我就专门找您要钱了。"

小伙子听罢带着疑惑的口气说道："你一个做乞丐的，懂得还不少嘛，像目标客户这类专业术语你都知道，看来不简单嘛。"

小伙子这一"表扬"不要紧，没想到接下来乞丐的回答，瞬间让小伙子傻了眼。"干我们这行，也得做市场分析，需要找准目标客户，我们要把有限的时间放到最可能成交的目标客户身上。你信不信，我就因为懂得了找目标客户，我现在一个月的收入至少可以过万。"

乞丐这一番话，的确是把现场的小伙子给雷到了："你倒是给我说说，你一个月怎么就月薪上万了。我一个大学毕业生，南下深圳工作，辛辛苦苦打拼，一个月月薪也就七千元人民币，你一个无学历、无技能的乞丐，我倒很想听听你是如何月薪过万的。"

乞丐得意地回答道："给你讲是可以的，不过需要支付我5元零钱，因为我给你讲是会占用我挣钱时间的。"

小伙子二话没说，掏出五元人民币，顺手递给了乞丐。

乞丐接过小伙子手中的五元现钞，只见他右手拿着钞票往左手手掌上一拍，脸上露出了得意的微笑并说道："我的目标客户一般分为三类人群。"

第一类人群就像您这样在这超市出口附近等人的人。既然是在等人，那么这类人群在门口停留的时间就会相对较长，我如果上前乞讨，即使他们不打算理我并准备挪个地方，肯定也不会走远；所以只要我不放弃，一直尾随其后一般都会成交。

第二类人群就是从超市购物出来的人。只要是从超市购物出来的人，他们身上或多或少都会有零钱，而且零钱以硬币居多。对于消费者而言，硬币零钱放钱包不好放，放兜里也不方便，同时消费者拿着零钱也会觉得有些碍事，所以只要从里面出来的人都可以理解为是我的潜在客户。不过在这群潜在客户中，我还会进行细分，比如从里面走出来的人群中会出现双手提着东西与单手提着东西的人，那么单手提着东西的人肯定就会是我的目标客户了。

第三类人群就是从门口路过或从超市出来的小年轻情侣。这类年轻情侣一般是正处在交往的初级阶段。在这个阶段的年轻女性会比较显得矜持有爱心，男性会显得绅士大方，只要我前去乞讨，成交率都会比较高。

我假设在一个小时的时间里可以拜访60个目标客户，按照成交的二八定律来计算，我把有限时间都放到了目标客户身上，所以我成交率会在80%左右，也就是会有48个人和我成交。按照一个客户平均给1元钱计算，那么我一个小时创造的价值约等于50元，一天工作8小时，那么一天创造的价值就是接近400元人民币，一个月按照工作25天计算，那么我的月薪就可以轻松达到1万元人民币……

乞丐讲完之后，脸上露出得意的笑容看着小伙子说道："你现在知道我月薪上万是真的了吧！当今社会做乞丐还是需要讲究技术含量的……。"说完便笑嘻嘻的又开始去寻找下一个客户去了。

二、角色融入生动化

角色融入生动化是指演说者在讲述故事的时候需要将自己融入到故事的人物里去演绎，尽可能地去塑造和还原故事的人物和场景。演说者在讲述的时候需要借助声音、表情、动作、道具尽可能去绘声绘色、声情并茂的去演绎，力求能把现场的听众都带到故事的情节当中去，要让听众产生一种身临其境的感觉。

演说当中如果需要把故事演绎得淋漓尽致需要注重演和说这两部分。这里的演是指利用自己一切可用资源去演绎故事人物的声音、语言、语气、语调、节奏、重音、肢体动作、表情、手势、眼神、姿势、情感、情绪等；说是指以演说者的身份去客观的陈述事实、陈述道理。

三、情景互动效果化

情景互动效果化是指演说者在讲述故事的时候不应该是一个人从头讲到尾，而是应该在讲述故事的环节中间加入与听众互动的环节，比如设置悬念、向听众提问等，力求能达到一种让听众参与进来互动的效果。这样运用的主要目的是让听众能高度参与、高度关注，最终实现共鸣的效果。比如"月薪上万的乞丐"中的段落互动。

第二类人群就是从超市购物出来的人。只要是从超市购物出来的人,他们身上或多或少都会拥有零钱,而且零钱以硬币居多。对于消费者而言,硬币零钱放钱包不好放,放兜里也不方便,同时消费者拿着零钱也会觉得有些碍事,所以只要从里面出来的人都可以理解为是我的潜在客户。不过在这群潜在客户中,我还会进行细分,比如从里面走出来的人群中,就会出现双手提着东西与单手提着东西的人……

请问各位听众,假设在座各位就是那一名中年乞丐,当你们见到从超市出来的人群中有单手提着东西和双手提着东西的人时,"你们会找哪一种人群去乞讨呢?"(当演说者抛出这样的问题时,听众的回答肯定是"会找单手提着东西的人";那么演说者正好就可以接上一句:"看来在座的各位,都是具有做乞丐的潜质的人啊。")(此种方式的互动就是所谓的情景互动效果化)

练习:请运用故事讲述技巧讲述身边发生的一个故事。

第二节　演说内容之幽默表达技巧(一)

幽默表达属于演说实战中经常使用的一项基本表达方式,也是众多名人演说者在演说时不可或缺的一种表达技巧。幽默的使用可以为语言镀上一层润滑剂,能让听众产生一种愉悦、舒服的感觉,同时还能让听众更容易、更乐意的接受演说者的演说内容;而且幽默的使用还能为演说创造一种妙趣横生、轻松愉快、悦耳动听的效果。

设想一下,如果一个人的演说过于严肃,听众将会有什么样的反应呢?

如果在演说的时候适当的加入一些幽默,听众是否会觉得比较有趣、是否会更愿意倾听、更愿意学习呢?

演说者如何才能娴熟掌握幽默表达的技巧，能在演说表达时创造愉悦的演说氛围、赢得听众的笑声及掌声的同时，且还能给听众留下深刻印象呢？首先应该搞清楚什么叫作幽默，这样更有利益于演说者对幽默的熟练运用。

幽默一词几乎人人都耳熟能详，但幽默到底是什么意思呢？幽默等同于笑话吗？它与笑话又有什么区别呢？

美国的幽默大师、小说家、作家、演说家马克·吐温曾提到："幽默是人间真理的轻松诙谐面，也就是用'笑里藏道'的表达方式，让人在笑的同时也能渗透人生的哲理。"

中国文学家、发明家林语堂先生曾说过："幽默是智慧之刃的一幌，听时不一定哄堂大笑，但事后经过细心体会之时，是会令您会心一笑且印象深刻。"

中国的相声大师侯宝林先生也曾说过："幽默不是耍嘴皮，不是出怪相，幽默表现活跃，它是一种高尚的情趣，一种对事矛盾性的机敏反应，一种把普通现象，戏剧化的表现出来，幽默里面存在着智慧。"

从以上大家观点中可见幽默不等于笑话。它不是让人笑完之后就结束了，而是让人会心一笑的同时，还能从中得到一定的教育性、启发性，并且领悟到当中还蕴藏着的智慧。

在任何一场精彩且听众非常喜欢的演说中，听众都会在不经意间会心一笑，这种演说效果的呈现都是因为演说者加入了精彩的幽默素材；而且这些幽默素材都是经过演说者大量收集、整理再进行筛选和加工过的。

演说中对幽默素材的筛选和表达大致可以从以下几个方面入手。

一、纪实幽默

纪实幽默是指生活中真实发生的幽默事件，演说者只是完整的进行转述；即演说者只需要把这件事情发生的来龙去脉、原原本本的传达出来，不需要任何的创新，这就叫纪实幽默。此类幽默的运用需要演说者在生活中多听、多记录、多收集。

例如德国作曲家布拉姆斯在一次演奏会上，当他精彩的演奏结束时，台下就有很多的女粉丝蜂拥而至地跑过来献吻和献拥抱；此时的布拉姆斯非常的无奈，他内心当中非常希望这些女人离开自己的周围，于是乎他就点燃了一支雪茄，然后潇洒地向四周的女人吐着烟雾；身边的女人个个被呛得十分难受，突然有个女人说话了："布拉姆斯先生，请不要在我们面前吸烟，这是对我们女同胞的一种尊重"。此时的布拉姆斯笑嘻嘻地说道："美丽天使的出现，必须要有祥云的陪伴，如果没有祥云，天使的美就不能很好的展现出来，所以我吐出的烟雾正好成为了各位天使的祥云。"

二、虚构幽默

虚构幽默可理解为捕风捉影，没有任何事实依据或只根据一点小事情或小线索，而后演说者便开始自己设计、自由发挥。这种幽默使用起来会比较容易发挥且发挥面积也比较广泛。

例如如何判断良医与庸医

生活中医生的医术有高低之分，对于患者而言都想找到医术高明的医生，那么如何才能寻找到一个医术高明的良医呢？有一种最简单的方法，那就是挂号之前，先看看医生办公室门口张贴栏上面出现过多少次医疗事故，如果医疗事故越少，那么医生的医术必然高明。有一天，一个病人就按照这种逻辑，跑到众多医生门口张贴栏上去看医疗事故信息，突然发现在众多张贴栏中，只有一个医生的医疗事故只有3次，这个病人暗地窃喜，于是推开房门开口便问："医生，您医术肯定很高明吧，我要向你投医，挂你的号。"医生反问："为什么这么肯定我医术很高明呢？"病人答道："我看了众多医生的张贴栏，只有你的医疗事故最少，那肯定你就是他们当中医术最高明的一个了。”此时的医生不慌不忙地点燃一只烟，深吸一口，然后慢慢吐出一口青烟，镇定自若的说道：“不是因为我医术高明，而是我到这里上班，今天才第三天。”

三、语言幽默

语言幽默是指借助语法、词汇、修辞等语言的表达方式，以语言为媒介，根据特殊的语境，轻快而诙谐的语气，通过夸张、双关、谐音、比喻、委婉含蓄等手法来传递信息。

语言幽默——“比喻”

子曰：“三十而立”。原本意思是说：“人到三十岁的时候，就能立定人生志向和立定人生观。”但是一个没有智慧的人怎么理解呢？“哇，原来孔子三十岁才能懂得站立起来。”

语言幽默——一语双关

例如太监给大众留下的印象基本都属于阳奉阴违、阴险毒辣、阴阳怪气，所以人们难免会有一种看不起太监，都想骂一骂，那怎么骂呢？

一天一个养羊大户来到一个兽医店求教，他家养的公羊性格暴躁，喜欢打架，这不仅会影响其他羊的生长而且公羊打伤之后也不好卖，所以前来求教，希望能把自己家养的公羊给阉了，这样的话可能公羊就不会再那么精力旺盛、那么凶、那么好斗。此时，正好有一个太监也在兽医店，于是兽医店老板就扯着嗓门说：“阉了也可以，不过有时候往往没有羊(阳)具的动物啊，更加凶狠好斗喔。”

例如延安的一次演说会上，当演说快结束时，毛泽东主席掏出一盒香烟，用手指在里面慢慢地掏，但掏了半天也不见掏出一支烟来，显然是抽光了。有关人员见状十分的着急，因为他们知道毛主席的烟瘾很大，于是有人立即动身出去取烟。就在此时，只见毛主席一边讲话，一边继续摸着烟盒，过了好一会之后，他笑嘻嘻地从盒里掏出仅有的一支烟，夹在手指上举起来，对着大家说："最后一条！"

这个"最后一条"，既可以指毛主席的话是最后一个条，也可以指最后一支烟。一语双关，妙趣横生，全场大笑，听众们的一点疲劳和倦意也在笑声中一扫而光了。

语言幽默——委婉含蓄

女人天生都爱美，同时也非常想听到异性的赞美。有一天，一个其貌不扬、长相平平的女子，前去找心仪的男朋友索要赞美，男朋友看了看女朋友扁塌的鼻子，然后说道："亲爱的，你是如此的美丽，完全就像天上掉下来的天使，只不过在你掉下来的时候，是鼻子先着的地，请别生气，因为这并不是你的错。"

语言幽默——夸张

台湾著名艺人凌峰在一次电视台春节联欢晚会上发表了一段精彩的即兴演说，其幽默的自我介绍堪称经典：在下凌峰……这两年，我们大江南北走了一道，男观众对我的印象特别好，因为他们见到我之后都会有点优越感，因为本人这个样子对他们没有什么威胁，他们很放心。他们一直认为我长得很中国，因为中国五千年的沧桑和苦难都写在我的脸上了。一般说来，女观众对我的印象不太良好；有的女观众对我的长相甚至已经到了忍无可忍的地步。她们认为我是人比黄花瘦，脸比煤球黑。但是我要特别声明，这不是本人的过错，实在是父母当初并没有征得我的同意就把我生成这个样子。但是，时代在变，潮流在变，现在的男人基本上可以分为三种：第一种，看上去很漂亮，看久了也就那么一回事，这一种就像我的好朋友刘文正；第二种看上去很难看，看久了以后越看越难看，这种就像我的好朋友陈佩斯；第三种，看上去很难看，看久了以后你会发现，他有另一种男人的味道，这种就是在下这种了。鼓掌的都表示同意了！鼓掌的都是长得和我差不多的，真是物以类聚啊！

第三节　演说内容之幽默表达技巧（二）

四、讽刺幽默

讽刺幽默是指使用艺术的表现手法、幽默的表达方式，对某些错误的观点、现象进行揭露、批评、攻击，以使大家对这些错误的观点、现象有更鲜明、深刻、清楚的理解认识。

例如 谈论怕老婆

生活中总有部分男性同胞在外是条龙，回到家是条虫；因为家中有只母老虎，威风凛凛、独霸四方。很多男同胞在家就特别听老婆的话，特别顺从老婆，时间一长，男人的自尊就荡然无存。所以就有这么一群男同胞们只要一有时间，总会聚集在一起，声讨自己老婆的滔天罪行。有一天，他们正在集体声讨，讲的热火朝天，义愤填膺的时候，突然听到有人大吼一声："你们的老婆来啦！"说时迟那时快，原本聚集的几十个大老爷们，唰……一哄而散，跑得光光的，最后只剩下了一个人还在那里没有跑，为什么呢？因为当场就被吓死了！

网络当中还经常流行着一些讽刺幽默的句子。比如"哥活到现在，能拿得起放得下的只有筷子了……"；"别人的钱，乃我的身外之物"；"猛地一看你不怎么样，仔细一看还不如猛地一看"；"跌倒了，爬起来再哭……"；"没什么事不要找我，有事更不用找我"；"将薪比薪的想一下，算了，不想活了"；"姑娘们啊，哪有那么多白马啊？找个驴凑合得了，别等到有一天驴都被抢没了，剩一堆骡子……"；"除了诱惑，我什么都能抵挡……"；"铁公鸡还会留点儿铁锈呢，你根本就是个不锈钢公鸡"；"我太佩服我自己了，有时候睡觉都会被自己的样子给帅醒了”;“我这辈子只有两件事不会,就是这也不会那也不会”。

五、动作幽默

演说的过程中,肢体语言是一项必不可少的表达方式,如果肢体语言运用得当,也能起到很好的幽默作用。这里讲的“动作幽默”其实就是根据演说内容,把原本规范化的肢体动作放大或缩小,故意凸显一种夸张,从而实现幽默效果。

例如公司年底工作总结会上,部门主管都让员工们纷纷总结下这一年下来的收获,其中一个员工上去之后,演说得是口若悬河、滔滔不绝、就像是黄河泛滥一发不可收拾的境地,当说到一年工作上的收获时,声音特别响亮,然后情不自禁的双臂一伸做了一个抱树的姿势。当说到自己成长的收获时,声音也是特别响地说道:“收获非常大。”不过他原本抱树的双手姿势逐渐缩小缩小,最终两手合在一起,大概围成了一个馒头大小的小圆圈……

例如鲁迅先生在上海中华艺术大学的演说结束时说道:“以上是我近年来对于美术界观察所得几点意见,今天我也带来一幅中华五千年文化的结晶,请大家欣赏欣赏。”

说着,他一手伸进长袍,把一卷纸慢慢从衣襟上方伸出,打开一看,原来是一幅病态丑陋的月份牌。

六、场景幽默

场景幽默也被称作就地取材,是指演说者根据现场的状况,临场做出反应,从而打造出的一种幽默效果。场景幽默的使用对于演说者而言有一定的难度,因为就地取材是不容易的,这需要演说者平时广博见闻、见多识广,同时还需要熟背很多词汇,很多的段子,像储存在电脑里面一样,当突然遇到一个场景,需要一个文档的时候,就会很自然就会浮现出来。演说者在使用场景幽默时可以把故事中的人物进行转换,把当中的人物、事情、时间、地点可稍作修改,冠上与自身环境相关的串联,把现场的听众纳入进来,就会产生完全不同的效果。

例如我国著名作家老舍先生在一次演说中,开头即说:"我今天给大家谈论六个问题。"接着,他第一……;第二……;第三……;第四……;第五……井井有条地谈下去。谈完第五个问题,他发现离散会时间很近了,而且听众表情也有些坐不住了,于是他提高嗓门,一本正经地说:"第六……散会"听众开始的时候一愣,不久就欢快的响起了掌声。

例如一次行销执行力培训课堂上,讲师讲到微笑背后所隐藏着强大的力量,要求全体学员面对面练习微笑。就在这时,发生了轻微地震,整个教室、桌椅、投影、都在轻微晃动,瞬间就有几个学员发出了惊恐的声音"地震……"便夺门而去。当晃动结束之后,大家都还沉浸在颤抖的惊恐中时,讲师突然说话了,"同学们,看到了吗?这就是微笑背后隐藏着的强大力量,房屋、桌椅、板凳、都颤抖了,就连上课的学员,都被微笑的力量震跑了,所以各位以后在行销的过程中,要不要保持微笑啊"全场一片笑声、掌声。

七、幽默表达注意事项

1. 藏兵不动

是指在运用幽默的时候,不能提前告知对方。

"各位大家好,我给大家分享一个很有趣的段子,这个段子很搞笑、很幽默、幽默到要让人笑得上气不接下气……"像这样的幽默表达不叫幽默,也不会有好的效果,所以使用幽默时不应该在一开始就告诉大家你要讲搞笑、幽默的段子,而是让听众自己领会。

2. 寓教于乐

让听众听完之后,会给他们留下思考,让他们自己去仔细体会琢磨，最好能让听众听完之后从中能学到悟道一定的道理。

3. 人地制宜

幽默表达的时候，需要考虑在场的听众人物，需要顾忌到听众的自尊，考虑对方是否可以玩得起幽默，开得起玩笑，可以让人笑，但不能让人难看。比如一群男人聊天，可以说英雄本色；但是对女同胞聊天就不能讲："英雄本色"。

4. 时间把控

每次幽默讲完之后，都需要给听众留足时间回味与欢笑，如果匆忙打断，那么幽默的效果就会大打折扣。

5. 主讲淡定

幽默是突然之间的一乐，所以在运用幽默时主讲一定不能笑场。如果笑场，故事就会漏掉很多细节、失去完整性，所以主讲者需要一直都保持微笑的面容环顾四周与听众互动。

6. 背景交代清楚

是指时间、地点、人物、干什么应简单明了表达清楚，不能太长、不能太快、要让听众很容易听、容易记、容易理解。

英国伟大的政治家丘吉尔先生曾经说过："一个了不起的政治家必须要有一项能力，那就是预测未来的能力，要会预言。"但是部下就有人反问："那么，如果没有预测准呢？"丘吉尔很冷静地回答道："那就给他一个理由，就可以了。"

曾经有一个宗教主曾预测，上帝会在某年某月某日乘着飞船落到美国的某一个地方，当时很多信徒都信以为真，所以纷纷收拾家当跟着主教就去了那个地方等待，结果上帝迟迟没来，信徒们只能上前询问："上帝为何没来？"主教故作冥想之后，睁开眼睛说道："这里太冷，上帝不来了。"

7. 主题明确流畅

指所讲的幽默一定要和演说内容相关，如果幽默脱离主题太远，没有上下衔接，就会显得突兀；表达过程中语言使用应通俗易懂、准确无误、能让人听懂。比如演说中谈论的是减肥效果，那么所用的幽默就应该和减肥有关。

例如一群富家太太在聊天时，谈论附近哪家减肥机构的减肥效果比较明显，其中一位太太发表了讲话："我家隔壁就有一个减肥俱乐部，上面广告上写着，本俱乐部主要提供骑马服务，因为骑马也可以减肥，看着这个广告，我果真去了，效果的确不错。"顿时大家都非常感兴趣地问："瘦了多少？"太太一脸沉重地说："的确是瘦了，马瘦了十几斤。"

8. 结局出乎意料

幽默在最后揭晓答案时，应不按合理的规矩出牌，要和听众所想的答案相悖。

第四节　演说内容之语言表达技巧（一）

一篇优美的文章离不开精美的辞藻，一场精彩的演说离不开精湛的语言表达。演说者在演说中不管是采用通俗易懂、平铺直叙，还是高深莫测、波澜壮阔的表达方式，最终的目的都是传递信息、传递理念、最终实现与听众产生共鸣。所以演说者无论选择哪一种表达方式、什么样的表达方式，都得以听众为前提，考虑到听众。根据听众的具体情况选用适合的、能够接受的、能够听懂的语言表达方式，只有这样才可以让演说者的演说锦上添花，如虎添翼。

语言表达是演说者必须修炼的一项重要基本能力。演说中，演说者语言表达是否准确、到位、诙谐幽默，不仅可以快速让听众领会演说者所传达的信息与含义，还可以快速实现与听众间的共鸣；如果语言表达有误、词不达意，那么听众将很难理解与领会其中的意义,最终也将很难实现与听众间的互动共鸣,最后将影响到整场演说的效果。所以作为演说者如何才能让自己的语言表达得更加的贴切、更加的入耳、更加的能引起听众共鸣,这就需要演说者在语言表达的过程中掌握一定的语言表达技巧。

演说中语言表达技巧大致有以下几个方面。

一、语言表达通俗化

语言表达通俗化是指演说者在演说表达的时候尽可能使用简单、易懂的白话文进行口语表达(白话文是指以普通话为基础的口语表达)。口语表达拥有语言简洁、准确、通俗易懂的特性,它的运用可以更加贴切地传达出演说者的信息,最关键的是能够让听众更加容易的心领神会。演说表达中,有以下三种方法可以让演说的语言口语通俗化。

1. 慎用生僻字词及成语

例如各位,在今天的演说会开场之前,我看到了会场外参会的人员鱼贯而行,如赶赴盛宴一般;大家摩肩接踵、前簇后拥、如蜂拥蚁聚;其中还不乏有少数耄耋之年的老听众。大家这样的学习热情,真的让我非常的感动,所以在此向各位拥有如此般热情的学习态度表达感谢。

2. 慎用书面术语

书面语也叫文字语,是指书面上交际使用的语言。演说稿写作时可以使用书面语,但是在表达的时候应尽量使用口语。比如:

书面语——“要学会公众演说,就必须具备一种坚定不移的信心与毅力,最终可以有所收获。”

口语——“要学会公众演说,就必须拥有一股敢于吃苦的精神,只要下定决心、加上持之以恒的恒心,我相信任何一个人都可以在公众演说方面取得快速的提升和成长。”

3. 慎用文言文

例如 深夜，某秀才被蝎子所咬。他摇头晃脑地喊道："贤妻，迅燃银灯，尔夫为蛟虫所袭！"连说几遍，他的妻子怎么也不明白。疼痛难忍的书生气急之下吼道："老婆，快点灯，我被蝎子咬啦！"

例如 各位听众，请问怎么理解"孝"？

孔子曾说过："今之孝者，是谓能养，至于犬马，皆能有养，不敬何以别乎！"所以孝的意思是尊敬、尊重的意思！如果此段文言文没有经过解释，估计听众很难理解其中的含义。

二、语言表达具体化

语言表达具体化是指将比较抽象、笼统、复杂、概念性的内容用比较形象生动、具体、简单、适合的语言真实描绘并表达出来，从而给听众留下较深的印象。语言表达具体化常用方法如下。

1. 细节描述法

细节描述法是指在举例子、讲故事、描绘事情的事情，尽量把时间、地点、人物、事件、结果这五大要素详尽的阐述清楚，这样会增加演说的可信度与说服力。

"我记得第一次面对几百人当众讲话的时候，心情非常的紧张，头脑一片空白，全身都在颤抖。"

上面这段话，显得苍白，言之无物，最终效果应该也不会太好。请看下面描述：

我记得那是在2006年9月份的一个傍晚，我拿着笔记本去教室宣布新生入学注意事项。当我走进教室见到椅子上坐着黑压压近二百名大学新生时，我内心一阵不安；当我看到他们用齐刷刷的眼神盯着我看时，我心脏跳动的速度瞬间应该可以达到每分钟180次。我拖着沉重的双腿，缓缓地走上讲台，当站定讲台后面时，我双腿开始有些微微颤抖，扶在讲桌上的双手也开始了颤抖，我看着下面的同学，脑袋中一片空白，瞬间不知道应该如何开始自己的开场白……

2. 数据换算法

数据换算法是指将庞大、抽象的巨额数据用另外一种比较具体、形象的方式描绘出来。例如：

各位知道2016年“天猫商城”在双十一的时候，一天的营业额是多少钱吗？对的，双十一一天24小时的营业额是1207亿元人民币，天猫一天1207亿元的营业额相当于国内一家大型连锁超市912家门店全年总营业额。这样一组庞大的数字无疑告诉我们，电商时代已经昂首阔步开始走来，电商线上销售与线下体验的结合已经是一种商业发展的新趋势。

各位，你们知道从教室到食堂有多远吗？对的，大概2公里的样子。感觉上2公里的距离听起来可能会有些远，其实，从教室到食堂开车只需要3分钟，步行的话15～20分钟就可以到达。所以当你每天从食堂走到教室的这段距离，你将有15～20分钟的时间可以默默的练习公众演说。

3. 内容条理法

内容条理法是指将要讲的内容按照逻辑顺序给予编号，使其让表达的内容更加的具有连贯性、逻辑性。例如：

各位，大家上午好！我今天主要和大家分享三点内容。

第一点，公众演说的重要性。

第二点，如何提升演说能力。

第三点，公众演说练习注意事项。

4. 修饰点缀法

修饰点缀法是指在介绍重点之前，对重点进行一定的包装、一定的修饰、让听众对重点产生强烈的兴趣与好奇。例如：

请问大家知道接下来将要登场的是哪一位讲师吗？对的，接下来登场的就是被誉为亚洲八大名师之一；素有台湾名嘴之称的阿贵——张锦贵先生。

三、语言表达情绪化

语言表达情绪化是指演说者将自己的情感融入到演说的内容中，透过语气、语调传递情感，从而实现以情达意、以情动人。语言表达情绪化主要可以从激情、煽情、设问、反问、感叹、递进六个方面来表现。

1. 激情

激情是指演说者在演说时所呈现出来的一种高昂的精神状态，同时在语言的表达上面会呈现出一种时而高潮、时而跌落的状态。例如：

对于刚刚开始学习公众演说、公众表达、公众讲话的人而言，站上舞台当众发言是一件非常困难的事情。在曾经过去的岁月中，我也非常紧张、恐惧、害怕，甚至都不敢登上讲台。但是当我在学习的过程中与老师一起互动、一起参与、一起开口时，我对演说逐渐有了全新的认识。我发现演说其实并不可怕，可怕的是我们太在意别人的看法，担心自己做得不够好，担心太多、考虑太多、顾虑太多……我们总是要求完美，但我们并没有专注、没有聚焦、没有用心、没有投入；如果我们大家按照老师教授的思路、法则去设计我们的内容，用富有情感的语言去表达我们的内容，我相信一场演说不仅可以感动我们自己，也可以感动听众。所以各位同学，你们对学好公众演说有信心吗？

2. 煽情

“煽情”是指演说者运用语言表达的抑扬顿挫、高低起伏、快慢节奏去煽动听众的内心情感，去唤起听众内心深处的动人之情、感恩之情、怜悯之情，最终实现让听众与演说者一起哭、一起笑的一种效果。此种表达方式适合在讲述比较感人的故事当中使用，比如感恩父母、感恩老师、获奖感言等。

例如澳门特首何厚铧于1999年当选获胜后面对媒体的发言。

澳门是我生活、家庭和事业的根基，澳门的一切伴随着我长大，澳门人的思想熏陶着我的性格，澳门人的忧乐与我息息相关。对澳门发自内心的热爱和归属感鞭策我要贡献所长，在澳门重投祖国怀抱之际，我身为一个中国人，理应当仁不让、竭尽所能，以自己的一份热诚承担这一历史使命。我的参选，是澳门人给了我这一个机会，允许我把自己对澳门的深厚感情进一步升华，变成无私的奉献！

例如同学们，当你在前行的道路上跌倒时，请你不要气馁，请你擦干你脸上的泪水，抬起你的头颅，拍拍身上的灰尘，再一次慢慢地爬起来继续前行……如果当你真的失去信心与动力，不愿再次前行时，就请你想象一下你爸爸和妈妈，想象一下他们是怎么含辛茹苦把你抚养长大，他们为此付出了多少的艰辛与承受了多大的苦难，想象一下他们已经两鬓斑白的头发，想象一下他们脸上深陷的眼窝，想象一下布满额头的皱纹，想象一下他们已经被岁月压弯的脊梁，想象一下他们那双已经长满老茧，且枯瘦如柴的双手……同学们，未来前进的道路虽然是曲折的，但那是对你成长路上的一种考验，你要相信自己，只要你不放弃，成功就在前方，同学们，再一次充满能量，前进吧！

3. 设问

演说者为了吸引听众的注意力及强调某部分内容的时候，便会使运用设问。设问属于自问自答，故先提出问题，等待听众做出反应之后，演说者再给出答案。这样的表达形式可以很好的唤起听众的互动，启发思考，从而调动听众情绪。例如：

各位同学，今天当我踏进你们这所大学的时候，你们的老师告知我："这里不仅人美、水美、校园风景更美……"今天一见，果真被你们优美的校园环境所深深吸引,不由得由衷感叹:"真的很美";当我站上讲台的这一刻,我才发现,我内心中最美的风景变化了,大家知道此时此刻我内心中认为最美的风景是什么吗?……对的,我原本以为校园的风景最美,现在我才发现,我内心中最美的风景就在我的眼前,就是你们,你们就是我内心中最美的风景。

第五节　演说内容之语言表达技巧(二)

4. 反问

反问是演说中情绪化表达较为常见的一种表达方式。它采用自问不答的提问形式,起到升华演说的情绪,从而达到增强情感变化的一种效果。例如:

当你看到父母一天天的老去,额头上的皱纹一天天的增加,脊梁一天比一天弯曲,难道你就没有想过要改变现在的生活状况吗?

难道你就不希望早点突破自己,让事业早一点成功吗?

难道你就不希望让自己的爸爸妈妈能早一点过上幸福的生活吗?

如果你愿意,请把你的右手高高的举起来,手握拳头,做一个下拉动作,大声地说一句:"yes!"

5. 感叹

感叹属于演说中的一种情绪化表达方式,一般针对某些观点或现象所发出来的一种情感反应。感叹所呈现出的情绪变化有赞叹、惊讶、伤感、愤怒、讥嘲、鄙视、恐惧、希望等。例如:

同学们,昨晚的天气预报说:"26 日一整天将会有大暴雨……"听完预报我开始担心，"如果明天真的是大暴雨，是否会有很多同学可能会缺席或者迟到……"刚才在我进入教室的这一刻，我震惊了，没想到在这样恶劣天气里，你们顶着暴雨依旧准时出现在了教室里，你们的精神让我感动，让我佩服，你们愿意冒着这么大的雨，能参加今天的演说课程，我真的想对你们说："你们是积极的、你们是上进的、你们是最可爱的、你们是最优秀、你们是最棒的、你们一定是未来最成功的人，谢谢你们。"

6.递进

递进是指按照一定逻辑顺序层层推进，由浅入深逐渐扩大，进而实现举一反三、触一发而动全身的效果。递进的运用可以使语言表达具有连贯性与鲜明的节奏感。例如：

"人才不一定有口才，但是有口才的人一定是个人才。"这句话我相信大多数同学都听过。那么如何才能练就比较好的口才呢？那就需要从现在开始调整好自己的状态，让自己的状态持续达到最佳水平，老师教授的技巧与知识才能被更好地吸收；吸收之后再通过平时不断的练习及经常参与公众发言；在公众发言之后不断总结，寻找到自己的不足，再一次一次的逐渐改正；每一次的改正都将会成为你成长的基石，只有这样不断地学习、练习、总结、改进，我相信你将会成为一个具有超级口才的人。

四、语言表达艺术化

语言表达艺术化是指演说者在语言表达上充分运用排比、夸张、比喻、对偶句、一语双关对演说的内容进行阐述表达，从而在内容表达上塑造气势、听觉上凸显震撼，给听众呈现出一种节奏鲜明、韵律有致的意境美、韵律美，从而打造出一种特殊的语言艺术魅力。

1. 排比

排比是指在语言表达上运用结构相同、相似或语气相同的词与句子（一般为三句或三句以上），进行有序排列并表达出来；力求在语言内容上达到一种句式整齐、层层深化、逻辑分明、条理清晰；语言的情感上气势恢宏、振奋人心、情绪饱满、感人肺腑；语言的节奏上达到气势磅礴，汹涌向前、语言连贯、朗朗上口、一气呵成；语言听觉上起到和谐悦耳、印象深刻的效果；进而实现与增强演说的说服力与表现力。

排比句在演说语言表达中的使用比较常见，它可用以刻画人物、可将人物形象刻画的比较细致入微。比如“他的品质是那样的纯洁和高尚，他的意志是这样坚韧和刚强，他的气质是这样的淳朴和谦逊，他的胸怀是那样的美丽和宽广。”

排比句可以描写风景，可以将风景描绘的形象生动，栩栩如生。比如《松坊溪的冬天》一文中，“像柳絮一般的雪，像芦花一般的雪，像蒲公英绒毛种子一般的雪，在风中飞舞。”

排比句可以抒发情感，让语言显得情感真挚、洋溢。比如“我和书的故事实在是太多了，为书而欢乐，为书而哀愁，为书而被处罚……”

排比句可以表明事理，让事理表述充分透彻。比如“一日之计在于晨，一年之计在于春，一生之计在于勤。”

例如 各位同学，21 世纪是一个人才与人才竞争的时代；是一个快鱼吃掉慢鱼的时代；在这样一个竞争激烈的时代里，如何才能快速脱颖而出？那就需要具备良好的口才。

拥有口才,你可以更加自信并快速进入职场。

拥有口才,你可以快速被领导与客户重视。

拥有口才,你可以快速被同事们欣赏。

拥有口才,你可以快速实现自身的价值。

拥有口才,你可以快速实现自己的梦想。

拥有口才,你可以快速缔结人脉,接触比自己更加优秀的人。

例如各位同学,接下来将给我们做演说的嘉宾,是一位知识底蕴非常厚重、经验非常丰富、声音特别动听、听众最受欢迎的一位老师,他被同行业的老师、前辈人誉为一个在讲台上和舞台上锤炼多年的人;一个在话筒前和镜头前打磨数载的人;一个用心去研究声音和语言的人;一个复合了企业与艺术的人。他就是原著名电视台的优秀主持人、编导兼演员的王瑞老师!请大家响起热烈掌声欢迎王老师的到来。

2. 夸张

夸张是指演说者有意识地使用言过其实的词语把事物的本质更好地体现出来,力求起到强调、震撼、滑稽的效果。例如:

每一个人都可能会有在讲台上发言紧张、脑袋空白、手足无措的时候,我曾经也有过和你们大家类似的经历。我记得第一次登台的时候,手心冒汗,异常灼热;如果当时在手心里放上一枚鸡蛋,我估计生鸡蛋很快就会在我的手心里面被捂成熟鸡蛋了……

3. 比喻

比喻也可称为“打比方”,演说者根据事物之间的相似点,把某一事物比作另一事物,把抽象的事物变得具体,把深奥的道理变得浅显。

例如各位同学，时间真是快如闪电，一纵即逝，三天的培训转眼快要结束了，虽然大家即将开始各奔东西，但是我相信今天的离别一定是下次重逢的开始。

例如我希望今天的演说，能像一座灯塔，能像一盏明灯，能给到更多前进路上的听众带去方向的指引和光明。

4. 对偶

对偶是指使用结构相同、字数相等、意义对称的句子来表达相反或相关意思的一种表达手法。在演说中对偶的使用也比较多见，主要是为了让语言在表达上起到韵律有致、跌宕起伏、朗朗上口；演说的听觉上起到铿锵悦耳，音律和谐、嘤嘤成韵的作用。

例如同学们，每一个人都拥有一样世界上最厉害的武器——舌头。你可运用它说出让人兴奋、开心、愉快的话；也可运用它说出让人沮丧、难过、伤心的话。正所谓“一句良言三冬暖，一句恶语六月寒”，所以同学们，希望学会赞美，学会表达，让我们的话语能尽量保持春天的温度，传播出更多的能量与温暖。

例如同学们，学好公众演说不仅仅取决于需要掌握更多的技巧与方法，更重要的是你需要具备一个不怕挫折，不怕失败的心态；要有一个敢于突破、敢于实践的自我认知；即使你非常渴望成为一名出色的演说家，但并没有付出百分之百的努力时，我相信你的成长道路就会相对更加久远一些，所以在教授给你们再多的技巧与方法之后，需要你们付出更多的时间与精力去驾驭它、练习它。正所谓“天雨虽大不润无根之草，佛门虽广不度无缘之人”，这也就是我们经常讲到的天助自助者，同学们加油吧！

5. 一语双关

一语双关是指利用同音或多意的词语或句子在特定的语言环

境中同时兼有多种意思，即表面上一个意思，表下暗含另外一个意思。一语双关的使用在演说中也会出现，但是使用频率相对不算太高，一般在需要使用幽默的时候会用到，作为演说者在平时生活中注意收集类似的词语或句子就可以了。例如：

一个推销员在销售高端手表的时候，当着听众们宣讲道："手表是时间、高效、严谨、品位的象征，当这样一块大器、时尚的手表与你相结合时，我相信那一定就是美丽与智慧的完美结合，这也许就是我们经常所说的'一表人才'。"

五、语言表达权威化

语言表达权威化是指演说者借用或引用生活中具有权威专家、学者、名师话语、科学结论、结果作为演说时的一种证明。这样的引用可以让演说表达更具有影响力及拥有一定的威望，让自己演说更加真实和具有厚重的底蕴。例如：

各位同学，大家应该都知道《物种起源》是由英国博物学家、进化论奠基人查尔斯·达尔文所写。他在书中提出了"人是由动物进化而来"的理论，这一理论在历史的长河中已经得到了证实。

达尔文在提出这一理论之后，还提出了另外一个理论——面部表情反馈论。这一理论提到："微笑实际上能让我们的心情变得更好"。他的这一理论已经被法国神经学家 Guillaume Duchenne 的实验（通过给面部肌肉做电颤刺激来产生微笑，观察脸部肌肉对神经的刺激）与德国的一项研究（通过核磁共振成像，测量在脸部微笑肌肉注射了肉毒杆菌后，观察肌肉抽动对大脑活动刺激反应）证实，证明达尔文提出的"面部反馈论"是真实存在的。事实证明人体面部反馈可与脑部神经有密切关联，人在微笑的时候脸部肌肉的运动可以刺激脑部神经，脑部神经可以分泌相应的物质改善人体的情绪。

英国的研究人员还发现，一次脸部表情——“微笑”对脑部的刺激分泌物等同于25万美金对大脑产生的刺激，也就好比是当我们每笑一次就相当于获得了25万美元。这一系列的研究发现还告诉我们，微笑不仅可以让我们改善情绪，让身体更加的健康，同时还可以让我们更加的富有，所以同学们露出你们灿烂的微笑吧！

第七章

演说危机处理技巧

第一节　演说问答中遇刁难问题的处理技巧

听众现场提问与演说者作答的环节一般在演说即将结束的时候才会出现;此种环节的设置主要是为了让听众与演说者能有更多、更深入的零距离接触,同时也是为了满足听众想真正参与互动的需求。比如:中央电视台有一档“开讲啦”的节目里面,就设置了听众现场提问、演说者现场作答的环节。

听众现场提问、演说者现场作答的环节中,听众难免会提出一些比较刁钻或难以回答的问题;对于演说者而言,如果遇到不愿意直面回答或者很难回答的问题时,应该如何应对呢?

一、调整心态

演说者如果在遇到难以回答的问题时,首先应该做到把自己的心态调整到“人无完人、金无足赤”的一种状态,需要让自己明白“即使是伟大的科学家也可能会有遇到有无法立刻做出回答或立刻就能解决的问题”;所以当演说者在遇到自己不知道如何作答的问题时,应该先要稳住自己的情绪,不能让自己显得慌乱与紧张。比如:听众正在提问的时候或提完问题之后,演说者可以面带微笑、两眼直视提问听众并点头示意,用于表示一直都在倾听及对听众所提出的问题表示认可;同时演说者还可以在听众正在提问的时候,做出神态安详的样子慢慢走向听众,也可以在听众提问的时候在舞台上闲庭信步慢慢地走动。

二、赞美听众

俗话说“一句良言三冬暖、一句恶语六月寒”。

赞美对于听众而言，即是一种鼓励，也可以是一种肯定。当演说者听完听众的提问之后，是可以对听众所提的问题进行简约的赞美，同时也还可以提议大众响起热烈的掌声对提问的听众给予鼓励，这种赞美与鼓励的运用主要会体现出两个方面的好处。

1. 赞美对于任何一个人而言，都是一种无法拒绝的精神食粮，提问者当听到演说者对自己所提的问题进行赞美、肯定时，首先会有一种发自内心欣喜的感觉，同时还会对演说者产生一种尊重的心态，以至于演说者的回答可能并不是让其满意，但提问者还是会欣然接受并保持一种愉悦的心情。比如："刚才这一位听众提出的这个问题，是非常棒的一个问题，也是非常具有代表性的一问题；一听就知道是经过认真、用心的准备和总结过的；所以我提议大家响起热烈的掌声送给刚才提问的这位听众，谢谢你。"

2. 赞美的使用、掌声的鼓励不仅仅可以让提问者拥有满心欢喜的心情，同时还能让现场听众再次融入互动，更重要的是可以为演说者在做出正面的回答之前，赢取更多思考的时间。因为演说者在听完提问之后需要时间去归纳和总结，那么赞美、鼓励的互动环节正好可以为演说者争取到非常的宝贵思考时间。

三、借力打力

"借力打力"是指演说者在做出正式回答之前，先将提问者提出的问题抛向现场的听众，问询听众是否有人知晓或有什么样的见解与看法，借助听众的力量去解决听众所提问的问题。在这样的一个互动环节当中，听众中极有可能会出现不同的见解和看法，那么演说者正好可以从这些见解中找到可供参考的素材；同时还有可能听众的回答正好可以解决提问者的问题，那么演说者只需要顺水推舟就可以化解回答的这一问题了。比如：刚才这位听众提出的问题是："如何才能快速拥有超强的公众演说能力"。在我做出回答之前，我想问问现场的其他听众朋友，请问"你们觉得如何才能快速拥有超强的公众演说能力呢?"

四、阐述观点

当演说者与听众互动结束之后,接下来就应该做出自己观点的陈述。演说者在陈述自己观点时可以按照"逻辑分层"去做出回答。例如:

如果想拥有超强的公众演说能力,需要做到:1. 内心要有一种坚定不移的信念;2. 需要积极主动登台练习;3. 需要强加练习并灵活运用。

五、含沙射影

含沙射影是演说者在没有准确信息答案的时候,所采取的一种看似答非所问、是是而非,但似乎又和听众提出的问题有一定关系的回答方式。这种方式显得比较松散、答案不是那么的中规中矩、一语中的,但是需要听众自己去心领神会,同时此种回答方式还会营造出一种"仁者见仁,智者见智"的效果。例如:

刚才这位听众提出:"如何才能快速拥有超强的公众演说能力。"在这里我想和大家分享一个小故事,大家应该知道第二次世界大战期间英国曾有一个著名首相丘吉尔。丘吉尔当年为了练就卓越的公众演说口才,他有很长一段时间是徒步30英里,去法院听律师们如何辩护,看他们是如何展开论辩,如何做出辩论的手势……;他一边倾听,一边记录,一边模仿……同时,丘吉尔还曾模仿那些云游四方的传教士,学习他们挥舞手臂、抑扬顿挫、声震长空的布道……每一次学习之后,他都会不断的练习,面对树桩、大树、砖墙,仰望天空不断地重复、不断地练习、最终练就了超凡的公众演说能力。

六、顺水推舟

顺水推舟是指演说者在阐述完自己的见解和观点之后,顺其自然的给自己寻找一个比较适合的台阶以此结束回答的话题。例如:

如果想拥有超强的公众演说能力,需要做到:(1)内心要有一种坚定不移的信念;(2)需要积极主动登台练习;(3)需要强加练习并灵活运用。以上观点是我这些年做培训师以来总结的一些经验和自己的感悟,希望能对你有所帮助;同时你也可以留下你的联系方式,我们在会后可以进行交流探讨。

第二节　演说内容大于演说时间的处理技巧

在一场正常的演说中,演说者对时间的把握一般都会掌握得比较适宜,出现演说内容还剩较多,演说时间较少的这种情况比较少见。如果出现演说时间紧凑的情况大致可能会有以下几类因素所导致。

一、演说会主办方要求缩短演说时间

1. 会场在具体某个时候将会被占用。
2. 演说会议流程突然有所变化。
3. 听众临时接到通知将要离场。

二、客观因素

1. 演说场地可能会被突如其来的事情所占用。
2. 演说场地的音响或电源在某个时间段可能会断掉。

3. 演说会中有某位领导将会参与发言。

4. 不可抗力的自然因素。

三、演说者与听众深度互动

1. 听众情绪高涨、以至于演说者尽情发挥，对演说内容进行了无限延伸。

2. 演说者追求把具体某个细节讲解到位以至于内容过长。

3. 听众主动要求演说者继续深入演说，导致剩下内容过多，整体时间少。

演说者在遇到以上类似情况的时候，应该如何应对并及时做好快速收尾的突发情况呢？

快速总结法："快速总结法"是指演说者对自己演说过的内容进行快速的总结并要求听众与自己进行回顾所学习的内容，最后告知听众自己的演说内容到这里就已经结束了。

例如：

亲爱的各位同学，我们今天的演说内容已经逐渐进入了尾声，在结束今天的演说之前，让我们大家一起再次回顾我们所讲过的知识点。如果你想成为一个胆量十足、魅力无限的演说家，你需要做到第一点："充分的相信自己并满心欢喜的接受自己"；第二点："争取每一次上台发言的机会去锻炼自己"；第三点："在生活中、学习中学以致用，经常模仿练习"；第四点："经常向优秀的演说家请教和学习"；第五点："初生牛犊不怕虎、敢于登台演说"。好了，各位同学，希望各位能在以后的时间里能多练习、多学习；预祝各位都能成为一个非常优秀的演说家，今天的演说到此结束。

快速进展法：是指演说者根据时间的缩短，快速地将还没有讲完的内容进行缩减，只提及标题进行轻描淡写或只讲重点、要点，将剩下的内容进行一笔带过。

第三节　演说会场出现秩序混乱的处理技巧

无论是在大型的演说会，还是小型的分享会中，演说者都很有可能会遇到会场秩序比较混乱的情况，对于演说者而言应该如何面对和处理类似的情况呢，首先演说者应该大致了解出现秩序混乱的几种情形，进而采取相应的措施。

一、听众手机不间断响起

手机属于现代人一种必不可少的通信工具，所以在演说的会场中出现手机频繁发出声响属于常见的一种现象，作为演说者应该如何避免类似的情况发生呢，那么在演说一开场就可以进行事先约定或预防。比如做一些告知说明或做一些互动的小游戏。例如：

亲爱的各位同学，请全体起立。请把你们的左手放在左边同学的肩膀上，然后用右手掏出手机，接下来请各位跟着我讲一段话：“我承诺、如果在今天的演说中，我的手机发出任何的一点响动，我就将自己的手机送给我左边的同学……”

二、听众不间断的上厕所

一场演说可能会是九十分钟，也可能是一百二十分钟，对于一场长时间的演说来讲，听众很可能会出现频繁上厕所的现象，那么演说者如何解决类似的情况呢。演说者可以在演说的中场或看到出现频繁走动者时可以明确的告知听众：“请上洗手间的同学，尽量压低身体，尽可能在不影响您身边的同学的前提下安静的去洗手间。”

三、听众在会场接打电话

演说中出现听众接打电话的情况属于比较常见的一种现象。演说者如何做到避免类似情况的发生呢,第一,可以事先和听众进行约定,将其手机调至静音和关机状态;第二,可以将听众手机贴上机主姓名,然后交于专人保管员处保管;第三,事先告知听众在不影响他人的前提下到会场外围进行打接电话。

四、会场有听众低声议论

演说的会场中出现听众窃窃私语的现象属于正常现象。演说者在遇到此种情况的时候可以采取:第一,稍微停顿不用讲话,把友善的眼神直接投射到有议论声的地方,这样可以起到一定的暗示;第二,如果会场空间走动非常方便,演说者可以直接走到有议论声的位置,用肢体动作进行示意。

五、听众发言时,出现嘈杂议论声

演说的会场中,当一个听众在发言的时候,其他的听众出现不自觉的议论、不自觉的交头接耳,这属于一种常见的现象。演说者在此时可以采取引导的一种方式进行规避。例如:

各位同学,今天我在朋友圈看到有这样的一则语录:"当我在讲话发言时,所有的听众都保持了沉默和静静的倾听,我以为是因为我的优秀所以赢得了他们的尊重;结果后来我才发现,是因为听众自身更加的优秀所以才懂得更加的尊重。"

第四节 演说内容出现错误的处理技巧

俗话说“智者千虑必有一失”,所以在演说的会场中,即使演说经验再丰富、演说口才再好、演说准备再充分的演说者,也极有可能在演说的过程中出现口误或表达失误的现象;演说表达的口误极有可能会引起台下听众的哗然,也极有可能会影响演说者接下来的发挥,所以演说者在遇到类似情况的时候,应该如何避免和化解呢,那就需要做到以下方面的事前准备。

一、若无其事、胸有成竹

演说者在演说中出现字词的口误属于正常现象,同时偶尔出现的口误也很有可能并不会引起听众注意,所以演说者即使在演说中出现口误时也可以装作若无其事、不去理会,继续演说便可。

二、镇定自若、峰回路转

演说者在演说的时候可能会出现观点陈述失误,以致现场听众出现起哄或惊叹。当演说者遇到此时情况的时候应该做到面不改色、镇定自若的状态,然后对刚才所陈述的观点,抛出一个问题?让听众参与互动,然后再借此机会来纠正自己刚才的观点。例如:

我认为公众场合吸烟是可以的,大家觉得呢?对的,看来真理还是掌握在多数人的手里,公众场合是不可以吸烟的。

三、虚心接受、鼓励赞赏

演说者可能会在书写字词时出现写错的现象,同时还极有可能被现场听众当场指出,此时演说者应该做到礼貌性的接受并幽默的化解此时的尴尬。例如：

我就觉得这个字的写法有一些别扭，看来果真是出现了书写的错误；这一点点的错误被刚才这位同学及时发现，一看就是特别认真听讲的同学，所以我提议，请各位响起热烈的掌声送给我们这位认真听讲的同学。

四、将错就错、幽默化解

将错就错、幽默化解是指演说者在出现演说口误与听众发出一片哗然的时候，采取一种将错误的内容进行强化并凸显出幽默化解的一种方式。演说者在使用这样化解方式的时候需要做到顺其自然、轻松自如的状态，对演说失误的环节做到非尴尬而是机智、幽默的化解的效果。例如：

各位同学，接来下请响起热烈的掌声，来欢迎我们李明同学为大家唱一首歌(guo)。

在这样的一段话中把歌(ge)音发成了(guo)音，听众一定会哗然一片，演说者此时并不需要做到惊慌和立马纠正，而是大声的将歌(guo)的发音进行重复，从而起到一种幽默搞笑的效果，让听众在一片笑声中心领神会就可以自然带过。

第五节 演说时突然忘词的处理技巧

在任何一场演说中，演说者都可能会出现对内容的遗忘、对演说顺序的颠倒，这属于一种常见的现象。演说者在演说的时候出现内容遗忘、顺序颠倒可能是受到外界因素或自身的原因的影响，从而导致对内容卡壳、忘词、遗忘……当演说者出现类似情况的时候需要做到：不能面露尴尬、面红耳赤的神情，不能出现抓耳挠腮的动作，更不能对听众说："对不起，我忘了……"之类的话语。演说者应该故作镇静、稳住自己的情绪，然后若无其事、轻松自然的绕开刚才所讲的这一点内容，进而继续演说。演说中处理这类情况常用的方法有。

一、跳跃法

跳跃法是指演说者在瞬间忘记了自己刚才讲的内容且又无法及时回忆起来时，便顺理成章的顺延到接下来将要讲的内容或要点。一般演说者都会准备多媒体课件——powerpoint，所以当遇到突然忘掉内容的时候可直接顺延到下一主题，直接把 PPT 播放出来，找到接下来要讲的内容就可以了。例如：

"各位同学，咱们进入下一话题，请看大屏幕……"

二、互动法

互动法是指演说者对听众采取一种发问、询问的互动方式，询问听众是否还记得自己刚才所讲过的内容；演说者将从听众的回答中去抓住某些零星要点，进而快速地回忆起刚才所遗忘的内容。此种方法的运用不仅可以帮助演说者快速地进行回忆，同时还可以起到与听众进行比较自然的一种互动。例如：

各位，在讲接下来的内容之前，我想问问前面的这位同学，我刚才讲到了哪些内容，看看是否都记住了……

第八章

演说实战练习

第一节　公众即兴演说技巧

公众即兴演说也称作即兴发言，是指发言人在毫无准备的情况下自发或被要求进行的当众讲话。这样的即兴发言在现实的生活中、工作中极为常见。对于发言人而言在没有充分时间给予准备，也没有现成的发言稿可以借助的情况下，全凭借发言人现场即兴发挥、临时组织词语、随想随说、有感而发，这着实会有一定的难度。演说者在毫无准备的情况之下如何才能做到处变不惊，且又能把话说得"言之有理，言之有序，言之有据"，这就需要发言者在平时的生活中做好一定的练习与准备，掌握一定的即兴发言技巧。

一、公众即兴演说发言框架

公众即兴演说发言框架是指演说者在即兴发言时可以遵循和参照固有的一种发言流程，这种流程类似于数学计算中的一种公式。

公众即兴演说发言框架包含三个部分。

1. 开场（包含问候；自我介绍；感谢）。

2. 内容。

3. 收尾（包含祝福和感谢）。

二、即兴演说内容

即兴演说中的开场与收尾其实是非常容易的，最难的部分属于即兴演说的中间部分——内容。演说发言所谈论的内容是演说者需要重点描述的地方，也是最可以和听众产生共鸣和出彩的地方，所以演说者在演说时需要掌握即兴发言中内容的组织技巧。发言中内容的组织可以参照以下固定的一种框架公式。

1. 昨天、今天、明天

这里的“昨天、今天、明天”类似于“过去、现在、未来”，我们把这个公式称之为“时间推移式”。“时间推移式”属于一个万能的发言公式，在众多的即兴演说场合演说者都可以运用这个公式轻松的化解当时的困境、且能自然的进行当众演说。

例如各位同学，大家好！

我叫袁智，来自重庆佐漫文化传播有限公司，是你们今天的培训老师。

在我来到你们这所大学之前，你们学院院长在昨天的时候已经跟我说过：“经贸科技大学的学生们是一群充满着激情、活力与朝气的年轻人……”当时听完你们院长介绍之后，我就非常迫不及待地想见到你们这一群极具活力且拥有朝气的年轻人。今天当我来到这里的时候，现场的场景真的让我非常的震惊，我发现我面前坐的这一群年轻人个个神采奕奕、精神饱满、充满朝气与活力……你们真的正如你们院长所说的一样，你们非常的优秀，非常的上进，我真心为你们感到高兴！我相信如此优秀且具有活力的你们，在你们大学毕业以后一定可以在个个行业中成为精英与领导者，所以在这里借助这样一个机会祝福在座的各位同学学业有成、前程似锦……最后预祝今天的培训将圆满地完成，谢谢。

例如各位同学，大家好！

我叫袁智，是你们今天的培训老师。在培训课程正式开始之前，非常感谢你们的校长给我一个在这里和大家说上两句的机会。

我记得三天前你们来到这里报到参加公众演说培训班的时候，我看到各个同学的脸上呈现出的是陌生、欣喜的神情，我知道你们那时候的心情应该是忐忑、对培训是充满好奇和疑惑。今天已经进入到培训的第三天，我从你们的脸上已经看到曾经的那种好奇、疑惑的神情已经烟消云散，重新呈现在你们脸上的是欢喜、自信、收获的神情，所以我相信在这之前的培训中你们一定是有所收获、有所成长；在接下来的时间里将会由我亲自带领大家一起共同学习公众演说的互动技巧和语言表达技巧，我也相信在今天的一天学习之后，大家的收获一定会获得更多。所以我在这里保证，我将会保质保量的做好教学任务，做到让各位同学学有所获、学有所得。最后预祝今天的培训完美的落幕。感谢各位。

2. 哲理故事

哲理故事是指演说者在分享的时候选择富有哲理、寓意或具有正能量的故事来填充完成即兴发言的内容。例如：

同学们，大家好！

多余的话我也就不多说了，在这里我想和大家分享一个小小故事。曾经有这样一个年轻人，家境贫寒、工作不尽人意，生活总是处于穷困潦倒，在这样的情况之下，他来到了寺庙，他想请教寺庙的禅师，“到底应该怎么做才可以改变他的家庭的现状与他自己的命运”。

禅师见到年轻人之后，便让他张开了手掌并告诉年轻人：“这条线叫作生命线，这条线叫作事业线，另外一条线叫作爱情线，这三条线都在你自己的手里面，命运其实也掌握在你自己的手里面，我们自己就决定着自己的命运。”就好比是：“我们自己是无法决定可以活多久，但我们可以决定是否可以更加的努力、更加的用心、更加的充实与精彩。”所以各位同学，如果你们也想要改变自己的命运和家庭的现状，那你就应该明白，你的命运其实是掌握在自己的手里面的，你想要什么样的生活，都是你自己可以选择与改变的。

故事讲到这里就结束了，在此我也想告诉同学们：“人生自己的命运其实是掌握在自己手里的，只要我们通过不断的努力、一定可以改变自己的现状并且可以主宰自己的命运。”最后送大家一句：“亲爱的同学们，加油！”

3. 现场感悟

现场感悟是指演说者讲述在现场所看到的见闻，针对所见所闻的事情发表自己的感言。例如：

亲爱的同学们，上午好！

此时教室的外面正下着小雨，今天的天气并不是很好，我早晨出门的时候，就在担心一个问题“同学们今天是否会迟到或者缺席”。当我走到教室的时候，现场的场景证明，我的担心是多余的，今天这里的位置座无虚席，而且我也观察了，今天没有同学因为天气的原因而迟到，你们能够在这样恶劣的天气之下都能准时到场，真的让我非常的吃惊。就从这一点点的小事情上就可以看出，你们是优秀的，你们是上进的，你们的精神让我感动。在这里我希望你们在未来的道路中继续发扬这样的精神，同时我也祝愿同学们，在未来的道路上越走越远，越飞越高！

4. 回顾与总结

“回顾与总结”是指演说者回顾曾经发生过的事情，最后总结得到的收获。例如：

同学们，大家好！

记得这次培训开班典礼的时候，我看到大部分同学的脸上呈现出来的曾是一种比较困惑、茫然的表情，从你们的表情中似乎透露出一种信息“这次培训能学习到什么知识呢？到底能不能彻底地改变自己呢？”。今天已经是培训的最后一天，在这里我想问问各位同学“你们这几天有收获吗？”。谢谢你们肯定的回答，从你们的声音中，从你们的表情上我已经听到和看到，你们这几天变化了，你们从开始的迷茫变成了希望，从你们的疑惑变成肯定，这一切都在发生着变化，而且是朝着好的方向发生着变化，这一切的变化证明我们这次的培训是成功的、是有意义的；我也相信通过这几天的培训，能够给更多的同学指引方向、增强信心、增加动力。所以我提议让我们大家响起热烈的掌声送给我们的老师，感谢他们的辛勤付出；也把掌声送给我们自己，感谢这些天自己努力的学习。

5. 三点式

三点式是指演说者发言时只讲三个要点或三点内容，这样的发言简洁明了、逻辑清晰，语言简短干练。例如：

同学们，大家好！

在这里我就只讲三点内容。第一，感谢我们任课的教师，感谢他这些天的辛勤付出，让我们大家都收获满满；第二，我们大家能相聚这里，这得感谢主办方提供这样的一种平台，感谢所有的工作人员为我们大家提供了无微不至的服务；第三，感谢现场所有的同学，谢谢你们能抽出时间参与到这次的培训中，因为你们的参与、你们的激情、你们的热情、你们的积极配合，让这次的培训显得分外具有意义。最后，祝各位同学天天向上、前程似锦。谢谢！

第二节　公众求职与竞选演说技巧

在现实的生活与工作中，应聘工作、竞选岗位都将是每一个人必须经历的一种过程。我们在类似的求职、竞选中如何才能超常的发挥，把话说得更加的入耳、更加的具有说服力……能让主考官青睐于自己、把机会留给自己，这就需要掌握一定的求职竞选的公众演说技巧。

一、求职竞选演说框架

求职竞选的演说框架大致可分为三个部分。

1. 开场(包含:现场问候、自我介绍、感谢)。

2. 内容。

3. 收尾(包含:希望、感谢、祝福)。

二、求职竞选演说内容

求职竞选演说的内容大致包含六大方面;求职者、竞选者可以从以下六大方面进行延伸、填充及润色,进而让自己的演说更加具有说服力。

1. 告知应聘职位——开门见山。

2. 告知应聘理由——给出论据。

3. 告知应聘优势——自身优势分析。

4. 告知应聘成果——展示以往工作亮点与成果。

5. 告知最终利益——聘用之后单位将得到的收获;

6. 告知工作承诺——表明决心。

例如 尊敬各位主考官,大家上午好!

我叫袁智,来自美丽的酒都——宜宾。

热情大方、积极活跃、直爽开朗、做事认真一直都是我做人、做事的风格;在生活与工作中我善于与人沟通和与人协作,能够在最短的时间内去适应不同的环境和不同的人;在艰难的处境中知道知难而进、永不退缩、直至任务的完成。

我于2006年毕业于西南大学文学院。毕业至今,我曾留于高校从事过两年的辅导员学生管理工作,一年的团委学生会管理工作和一年的办公室行政管理工作，同时在高校期间还经常担任多门选修课程的授课。于2010年辞职离开高校，前往广东省佛山市广东凤铝铝业有限公司任职，从事铝合金型材的销售与管理工作；于2011年回到重庆继续从事铝合金门窗的销售管理工作，同时也在企业内部担任销售技巧的培训讲师，负责对企业内部员工进行相应的培训工作。经过这些年的打磨与锻炼，我认为自己是一个属于沟通能力、协作能力、执行能力、培训能力都比较强的一个人。

今天非常感谢各位主考官能给我提供了这样一个面试的机会，在此，我衷心的感谢你们。

我今天到贵公司竞聘的岗位是——企业培训师。

贵公司对企业培训师岗位一职的相关录取要求我已经详细阅读；根据贵单位的招聘要求及结合我自身的条件，我有理由和信心相信自己可以够胜任和做好此份工作。

其一，我在大学期间学习的专业为师范专业，学习过众多的教学方法、授课技巧；同时大学毕业之后直接留于高校，从事过多年高校课程的教学实践，积累了众多的授课经验，能够在现实的成人教学中做到如何授课、如何教学、如何根据学员的情况调整教学方案，做到因材施教，最终保证教学的顺利开展。

其二，在这些年的工作中，我从事过高校学生的管理工作，能够做到与成人学生之间的有效沟通；同时也从事过高校行政管理工作，对于部门工作的安排、人事的协调、部门与部门之间的沟通都能做到较好地处理；所以在成人沟通、部门与部门之间的沟通方面能够有一定的方法和经验。

其三，我从事过一线市场的销售管理与推销工作，对市场中客户的心理需求有一定的了解，对客户的拜访与接待有一定的方法，对客户的沟通与产品的推销拥有一定的技巧；所以在以后的实战培训工作中，我可以将理论联系实际更好的讲解与传授，让员工掌握更多的实战技巧为公司增加收入。

其四，在学校培训工作中，我曾在高校多次被评选为学院优秀教师；在企业培训工作中，也经常被公司评选为优秀培训师；在学校与企业的管理工作方中，也多次被学校领导和公司的领导给予高度赞赏和肯定；在公司销售工作方面，曾获得过公司领导好评及公司片区业绩第二名的好成绩。

如果在这一次的应聘中我能胜利应聘成功，在接下来的工作中，我将会做到以下几点。

第一，花最短的时间快速熟悉公司理念、公司的文化、公司的业务、公司产品、公司的部门，让自己快速地融入公司，成为公司大家庭中的--分子。

第二，根据公司的发展规划和培训要求，将开发适合于公司、适合于员工的培训课程。同时利用自身的师资资源，组建强大的师资库，研发实战有效的课程，力求实战和理论相结合把培训的知识、培训的效果推上一个新的台阶。

第三，培训工作将会在公司的发展规划下有序定期开展，同时加强员工的思想和企业文化的深入培训，力求培育出既能认同企业理念、文化的忠诚员工，也能培育出能够打仗、为公司创造收入的员工。

第四，我将全心全意投入培训工作、融入公司、为公司的发展添砖加瓦。

最后，我真切的希望能获得这样一次机会，能进入贵企业担任培训师一职。谢谢！祝各位领导，身体健康，工作顺利，万事如意。

第三节　公众招贤纳士演说技巧

21 世纪,企业的竞争已经超出了价格的竞争、服务的竞争、产品的竞争;如今企业的竞争已由产业技术含量和管理水平的竞争演变成了企业人才的竞争。为了应对国际、国内激烈的市场竞争,为了实现企业战略目标和持续发展,企业人才已经成为了首要资源。人才是企业的骨干力量、是企业发展的基石、是企业壮大的基础;如何才能吸引更多的优秀之士进入到自己的企业,如何才能打动更多优秀之士加入自己的团队,这就需要在公众招贤纳士时运用到一定的实战演说技巧。

一、公众招贤纳士演说框架

招聘宣讲时演说稿的设计大致可分为三个部分。

1. 开场(包含现场问候、自报家门)。

2. 内容。

3. 收尾(包含感谢、祝福)。

二、公众招贤纳士演说内容

公众招贤纳士演说的内容大致包含十大方面;招聘者可以从以下十大方面进行延伸、填充及润色,进而让自己的演说更加具有吸引力。

1. 感谢主办方/听众。

2. 刺激听众需求。

3. 如何实现拥有。

4. 真实现身说法。

5. 鼓励刺激改变。

6. 加入企业的好处。

7. 公司发展愿景。

8. 公司规范系统。

9. 承诺同舟共济。

10. 意向确认收集。

例如各位优秀的毕业生朋友们,大家上午好!

我叫袁智,来自重庆佐漫文化传播有限公司,是今天的招聘宣讲人。

今天非常高兴能有这样一个机会和大家面对面、零距离的接触。首先,这得感谢学校招就处能提供这样一个机会;同时也非常感谢各位同学能抽出时间来参加今天上午的招聘宣讲会!

在今天的宣讲会正式开始之前,我想问问各位同学:"你们期望的月薪是多少钱?"

据中国人社部2013年大学生就业统计显示:2013年全国高校毕业生月均起薪为3378元。这样的一份工资在我们重庆这样的一线城市,应该是完全不够开销的。首先我们可以大致计算在一个月的时间里需要支付的一笔开销:

毕业租房:费用大致为800元人民币;

每月伙食:费用大致为1200元人民币;

交通、电话、水电:费用大致为500元人民币;

置办衣物、生活用品:费用大致500元人民币;

以上费用合计为3000元每月。按照月薪3500元计算,每月可以存留500元人民币,一年可以存留6000元人民币。请问各位同学,你们觉得一年存留6000元够花吗?你们觉得这样薪水你能接受吗?这样拮据的生活现状你能接受吗?如果按照这样的月薪去累积计算，10 年内想要买房、想要买车、结婚、生子、赡养老人……将会是非常非常困难。同时随着时间的逐渐流逝，自己的父母也在一天天的老去，请问你们是否希望能带上他们到祖国的大好河山去走走看看？请问你们是否想为自己未来的孩子能提供优质的教育和打造一个良好的教育教学环境，能进入所谓的名校进行学习？请问你们是否希望能给自己未来的爱人送上珍贵的钻石婚戒？请问你们是否希望能够全额买上一套至少 100 平米的房子？请问你们是否希望能购买一辆自己比较中意的轿车呢？我相信你们都想拥有……亲爱的同学们，只要你一旦进入社会，生活中、工作中需要花费开销的地方将接踵而至，这样扑面而来、巨额的开销不得不让我们大家做好对未来职业的规划与安排……

我曾经有一份比较体面的工作——大学老师。可是在高校工作 4 年后我毅然辞职跳槽……首先是因为 5000 元的工资真的不够用，其次是我觉得我的价值应该不止每月月薪 5000 元……我充分的相信，我其实应该还可以早点改变自己的命运，让自己变得更加的富有；我觉得我可以加速的成长，让自己加快迈向成功；我觉得可以通过自己的努力，在父母年迈之前能带他们在祖国的大好河山走走看看；我觉得我可以通过自己的努力挣到更多的金钱证明自己的价值……所以最终我辞掉了那么体面、正式的工作……

站在今天的角度往回看看我当年的选择，我发现当初的选择是对的，我今天拥有了大部分同龄人没有拥有的东西，我开办了一家属于自己的公司；我购买了一部我喜欢的轿车；我购买了属于自己的一套房；我组建了一帮强大的人脉团队……我今天所拥有的一切，是因为我找到了人生前进的方向、找到了我人生的目标、作对了选择……

我从一个无车、无房、无存款，一无所有的穷小子……变成了今天有车、有房、有家、有存款、有家庭、有爱人……的一个年轻人；

我相信你听完了我的故事，见证了我的改变。

我相信你也是可以和我一样改变的；你的人生也可以发生魔术般的改变。如果你愿意，只要你加入我们，我答应你可以得到以下三方面的承诺。

第一，……

第二，……

第三，……

同时，我还可以给你另外的承诺，只要你加入我们，我可以保证你三年内买车、买房、拥有自己的团队。我们公司已经建立起一套完整发展体系，可以帮助你快速实现自己的梦想，快速地改变自己……

同时，我还想告诉各位同学，我们公司宏伟愿景“帮助更多人成功、帮助更多人实现自己的梦想、帮助更多的人发生巨大地蜕变”。

最后，我想告诉各位“世界上能帮助人成功的事业是最棒的事业，世界上能帮助人快速改变的事业是最具有潜力的事业……”你是否已经下定决心准备加入我们呢！

同学们，我今天的招聘宣讲会到此结束，请有意向的同学，可以留下来填表；再次感谢学院的招就处提供这样的机会和平台，感谢各位同学今天的参与，祝愿各位领导、老师们、同学们身体健康、万事如意、心想事成。

第四节　公众获奖发言技巧

在我们的工作、学习、生活中，因为工作的出色、学习的努力、生活的积极向上，总会让我们获得各项比较优异的荣誉与奖项。

当获奖者在获得奖项的那一刻，主持人总会顺理成章的递上话筒，让获奖者说上两句，那么获奖者如何才能在这样的场合，潇洒自如、自信大方地说出自己的感受呢？这也需要遵循一定发言技巧。

一、公众获奖发言框架

公众获奖发言框架大致可分为三个部分。

1. 开场（包含现场问候、自报家门）。

2. 内容。

3. 收尾（包含感谢、祝福）。

二、公众获奖发言内容

公众获奖发言的内容大致包含由衷感谢、点滴回顾、归功于谁、未来展望四个方面。发言者可以根据以上四点去组织自己的发言内容。例如：

亲爱的各位同仁，大家上午好！我叫李明，来自我们公司的市场销售部。

我此时此刻的心情非常的激动、非常的兴奋、非常的开心；我今天能获得这个优秀销售员工奖，首先要感谢公司领导对我无微不至的关怀，部门主管对我的关照，公司同仁对我的帮助；所以我在这里由衷地向公司的领导、部门的主管、公司的同仁深深的道上一句“谢谢你们”。

我清晰地记得，去年八月的时候是我们人力资源部的王经理把我招聘进入了公司，并拍着我的肩膀说：“小伙子，认真干，工作用心做一定会有所回报的。”当我进入到销售部见到李主管时，主管对我说“年轻人，销售是很苦的工作，不过吃得苦中苦，一定可以人上人。”当我见到销售部的同事们时，同事们都热情地伸出双手热烈的欢迎我，并对我说："欢迎来到我们部门，以后我们就是一个团队，一家人。"

时间一晃就过去了一年。在过去的一年中我记得是销售部的同事们

不厌其烦的教会了我如何与客户交流、如何与客户沟通；是我们部门的李主管耐心的教会了我如何去开发陌生市场；是我们公司领导给予了我多次的鼓励……；是你们大家让我从一个新人逐渐变成了对业务比较熟悉的老员工，是你们让我快速的成长，是你们给了我更多锻炼的机会，是你们让我学习了更多的知识，所以我能获得这份殊荣，也得归功于公司、归功于主管、归功于同事们，谢谢你们。

在未来的发展道路中，我将继续不断地学习，不断地努力，一定不辜负公司、主管、同事们对我的厚望，我一定在现在的基础上更上一层楼。最后，我再一次发自内心的向我们的公司、主管、同事深深鞠一躬，谢谢你们。